SCIENCE

走进科普大课堂
QINGSHAONIAN AI KEXUE
李慕南　姜忠喆◎主编〉〉〉〉

ZOUJIN KEPU DA KETANG

普及科学知识，拓宽阅读视野，激发探索精神，培养科学热情。

时光奥秘

★包罗各种科普知识，为你展现一个生动有趣的世界，体会发现之旅是多么神奇！

U0747178

吉林出版集团
北方妇女儿童出版社

图书在版编目(CIP)数据

时光奥秘 / 李慕南,姜忠喆主编. —长春:北方
妇女儿童出版社,2012.5 (2021.4重印)
(青少年爱科学. 走进科普大课堂)
ISBN 978 - 7 - 5385 - 6318 - 4

Ⅰ.①时… Ⅱ.①李… ②姜… Ⅲ.①时空观 - 青年
读物②时空观 - 少年读物 Ⅳ.①B016.9 - 49

中国版本图书馆 CIP 数据核字(2012)第 061666 号

时光奥秘

出 版 人　李文学
主　　编　李慕南　姜忠喆
责任编辑　赵　凯
装帧设计　王　萍
出版发行　北方妇女儿童出版社
地　　址　长春市人民大街 4646 号 邮编 130021
　　　　　电话 0431 - 85662027
印　　刷　北京海德伟业印务有限公司
开　　本　690mm × 960mm　1/16
印　　张　12
字　　数　198 千字
版　　次　2012 年 5 月第 1 版
印　　次　2021 年 4 月第 2 次印刷
书　　号　ISBN 978 - 7 - 5385 - 6318 - 4
定　　价　27.80 元

前　　言

　　科学是人类进步的第一推动力,而科学知识的普及则是实现这一推动力的必由之路。在新的时代,社会的进步、科技的发展、人们生活水平的不断提高,为我们青少年的科普教育提供了新的契机。抓住这个契机,大力普及科学知识,传播科学精神,提高青少年的科学素质,是我们全社会的重要课题。

　　一、丛书宗旨

　　普及科学知识,拓宽阅读视野,激发探索精神,培养科学热情。

　　科学教育,是提高青少年素质的重要因素,是现代教育的核心,这不仅能使青少年获得生活和未来所需的知识与技能,更重要的是能使青少年获得科学思想、科学精神、科学态度及科学方法的熏陶和培养。

　　科学教育,让广大青少年树立这样一个牢固的信念:科学总是在寻求、发现和了解世界的新现象,研究和掌握新规律,它是创造性的,它又是在不懈地追求真理,需要我们不断地努力奋斗。

　　在新的世纪,随着高科技领域新技术的不断发展,为我们的科普教育提供了一个广阔的天地。纵观人类文明史的发展,科学技术的每一次重大突破,都会引起生产力的深刻变革和人类社会的巨大进步。随着科学技术日益渗透于经济发展和社会生活的各个领域,成为推动现代社会发展的最活跃因素,并且成为现代社会进步的决定性力量。发达国家经济的增长点、现代化的战争、通讯传媒事业的日益发达,处处都体现出高科技的威力,同时也迅速地改变着人们的传统观念,使得人们对于科学知识充满了强烈渴求。

　　基于以上原因,我们组织编写了这套《青少年爱科学》。

　　《青少年爱科学》从不同视角,多侧面、多层次、全方位地介绍了科普各领域的基础知识,具有很强的系统性、知识性,能够启迪思考,增加知识和开阔视野,激发青少年读者关心世界和热爱科学,培养青少年的探索和创新精神,让青少年读者不仅能够看到科学研究的轨迹与前沿,更能激发青少年读者的科学热情。

　　二、本辑综述

　　《青少年爱科学》拟定分为多辑陆续分批推出,此为第三辑《走进科普大课

堂》,以"普及科学,领略科学"为立足点,共分为 10 册,分别为:

1.《时光奥秘》

2.《科学犯下的那些错》

3.《打出来的科学》

4.《不生病的秘密》

5.《千万别误解了科学》

6.《日常小事皆学问》

7.《神奇的发明》

8.《万物家史》

9.《一定要知道的科学常识》

10.《别小看了这些知识》

三、本书简介

本册《时光奥秘》讲述了时间的故事。本书在解答与时间有关的知识外,还汇集了许多与时间有关的科普知识:全球石油尚可供开采的时间是多少?"卡西尼号"飞船飞往土星所花的时间是多少?理论上太阳帆飞船到达冥王星所花时间是多少?欧洲月球探测器"智慧 1 号"飞往月球所花时间是多少?航天员在空间站上最长的飞行时间是多少?母亲怀孕时间是多少?红血球平均寿命是多少?美国新型核动力飞船从地球抵达火星是多少?美军在任务下达后将兵力投送部署到全球任一地点做好战斗准备所需的时间是多少?英国许多植物物种开花时间比过去 40 年间平均提前时间是多少?美国"阿波罗号"飞船航天员从地球到达月球所花时间是多少?第一只碳丝白炽灯寿命是多少?"神舟5 号"载人飞船飞行时间是多少?……答案尽在书中。

本套丛书将科学与知识结合起来,大到天文地理,小到生活琐事,都能告诉我们一个科学的道理,具有很强的可读性、启发性和知识性,是我们广大读者了解科技、增长知识、开阔视野、提高素质、激发探索和启迪智慧的良好科普读物,也是各级图书馆珍藏的最佳版本。

本丛书编纂出版,得到许多领导同志和前辈的关怀支持。同时,我们在编写过程中还程度不同地参阅吸收了有关方面提供的资料。在此,谨向所有关心和支持本书出版的领导、同志一并表示谢意。

由于时间短、经验少,本书在编写等方面可能有不足和错误,衷心希望各界读者批评指正。

本书编委会

2012 年 4 月

目　　录

一、时间常识

二、时间趣闻

一、时间常识

人类对时间的认识

在日常生活中，我们每天差不多都会不止一次地提到"时间"这个词。但是，如果有人问你："什么是时间？"你该怎么回答呢？

开始，你或许会觉得这个问题很简单；但当你组织自己的语言，试图作出答复的时候，可能又会感到茫然，不知究竟如何措词才好。

这种直觉和道理之间的矛盾，恰好反映了大多数人对于时间的模糊见解。

然而，不管人们的感觉和认识如何，时间总是一刻不离地伴随着我们的日常生活和社会生产活动。黎明的壮观，绮丽的晚霞，枫叶由绿变红，大雁南来北往，天体的形成、演化，人的出生、死亡，……都无不受时间的约束。

时间还是一个基本物理量，它同科学技术的发展有着密切联系。自古以来，人类曾经利用各种不同的周期运动作为标准去测量时间，并创造了许多种巧夺天工的计量时间的器具——时钟。

怎样定义时间

在人类对于客观世界的感觉和抽象当中，最难捉摸的一个实体恐怕就是时间。它看不见，摸不着，永远流驰，执拗向前。人在时间的长河中诞生、成长，也在这条长河里衰老、死亡。人生中的一些重要经历：童年，婚娶，事业上的失败和成功，无不以时间来划分。"岁月匆匆"，"时不我待"。有些人善于利用时间，节约时间；有些人也会荒废时间，失去时间。因此，如何在有限的时间里做出更多的有益于人类的业绩，创造出生命的最高价值，就成为人们给予时间以莫大关注的一个重要原因。

人类在同大自然的长期斗争中，不但很早就知道按天象、星辰变化规律制定历法、编排年、月、日，用它来记载包括他们自身经历在内的重要事件，而且还逐步学会制造各式各样的时钟，为自己的起居作息提供时间。随着科学技术的进步，人类控制和驾驭时间的能力也在不断提高。

但是说来奇怪，在相当长的时间里，人类并没有找到科学的时间定义。就是说，人们并不知道时间究竟是什么。心理学家把时间说成是人的感觉意识；物理学家视时间为运动的度量；对于某些哲学家来说，时间则是另外一种东西。尽管他们各自都可以撰写有关时间的著作，但却没有一个人能以相互满意的言词说出时间的定义。

给时间下定义的困难性是1500多年以前，由古希腊的西罗马主教奥古斯汀首先提出来的。他说："什么是时间？如果有人问我，我知道；如果要求我解释，我就不知道。"

奥古斯汀对于时间作过颇多的研究，他还发表过其他一些似是而非的议论。可以推想，奥古斯汀所知道的，或许是人对于时间的意识或感觉；他所不知道的，恐怕正是产生这些意识或感觉的客观的时间实体。

在科学和日常应用中，"时间"这个词包含着既有区别又相互联系的两种含义：时刻和时间间隔。前者表示时间长河里某一个瞬间，后者表示一段时间的间距。例如有人问："第一节课从什么时候开始？"他指的是时刻；"第一节课要上多久？"则指时间间隔。

时刻和时间间隔用相同的单位——日、时、分、秒等来表示，但它们之间是有区别的，不是同一回事。时刻和时间间隔可以对时间作出一种具体的表述，但对于认识时间的本质却没有任何帮助。

"什么是时间？"这个问题归根到底是同认识论中一些基本问题的解答联系在一起的。这些基本问题包括：人的感觉是客观存在的反应呢，还是客观存在是人的感觉的复合？

唯心主义的著作家们对于时间所作的种种论述，差不多都以后者为依据。尽管他们也可以对时间的某些特征作出相当详细的描述，但他们终究不可能揭示时间的本质；而当他们在自己制造的时间迷雾中难以为自己的观点找到一个经得起论证的归宿的时候，他们又往往不得不求助于神灵，或者把时间说成是不可知的怪物。

时间本质问题开始得到真正解决是马克思主义诞生以后的事。马克思主义认为，时间的本质在于它的物质性，它不依赖于人们的意志而客观存在。时间是物质存在和运动的一种最基本的形式，具有宇宙以及宇宙和观察者之间相联系的基本属性，"时间以外的存在和空间以外的存在，同样是非常荒诞的事情"（恩格斯，《反杜林论》，1970，第49页）。物质运动、变化的永恒性，寓于时间以无限性。马克思主义哲学对于时间本质的论述，为人们日益深刻地认识时间开辟了一条正确的道路。

人的时间意识

人和自然界中的一切生物都在一定的空间和时间中生活，它们都随时间的流驰而发展变化。但是和其他生物不同，人不仅能感知时间，而且还能控制和驾驭时间。

人怎样依靠各种感觉器官感知时间？抽象的时间概念又是怎样通过长期发展从这些感觉中形成的呢？

像把自己的经历（经验）变成文学作品的著作家那样，人可以通过记忆来追忆过去，预见将来。据说记忆和预见是人类智力的要素。是否如此，我们姑且不去讨论，但正是人们的这种借鉴过去以及为着将来而从事目前活动的能力，创造了灿烂的科学文明。

当然，有许多动物也可以勉强地反应时间。有人曾用白鼠做过实验。他让白鼠按跳板。结果发现，如果在白鼠按下跳板后25秒钟内及时给它一点食物，白鼠就会继续重复按跳板，以求再一次得到报酬。但是，如果在按下跳板后30秒钟还不给它食物，白鼠就会茫然不动，这时它就不再能够把将来的报酬（获得食物）同当前的动作（按跳板）联系起来。

猴子比白鼠聪明，它处理时间的能力较白鼠前进了一步。如果我们拿来两只一模一样的不透明酌杯子，一只是空的，另一只里装有食物，先让猴子看一看，过一段时间后再让它挑选。结果你会发现，只要相隔的时间不超过

90 秒钟，猴子总可以把装有食物的杯子找出来；如果时间超过 90 秒钟，猴子搜寻食物的能力便大为降低，完全等于瞎摸瞎碰了。

对于人类最近的亲缘——猩猩来说，它的"时间意识"又前进了一大步。不仅在野外，甚至在实验室（这里的情况同野外大不相同）条件上，猩猩有时也显示出为达到将来的目标而控制现在的惊人的能力。例如，黑猩猩为了拿到高处的香蕉，会扪几个木盒子一个一个地搭起来，作为向上爬的梯子。事实上，猩猩应付将来的本领已接近于人类能力的边缘，它们甚至能够制造"工具"！人们已经看到，自然界中的猩猩有时会把树枝上的叶子剥光，用它做成"探针"，从白蚁洞内引出，白蚁。当然，猩猩只有在看到白蚁人穴的时候才会这样做；看不到白蚁进洞，它就不会去做这类"工具"。这说明猩猩只能处理最近的和可见的将来的情况，因而它的"时间意识"还一半停留于"现在"的状态之中。

大约在加万年以前，稍有智力的类人猿开始学会制造工具。为了满足最近和可见将来的需要，它们像猩猩做探针那样，以石块作为采伐工具。大约又过了很久，严酷的自然环境使得类人猿逐步学会改进工具。根据从地壳沉积层深处挖掘出来的许多有一定形状的石块来判断，类人猿至少具有把石头打成有用形状的足够的预见。

由于智力的增长，预见能力也随之增强。大概到了 50 万年以前，生活在中国的原始古人第一次开始学会用火。火的使用说明中国猿人已经具有一定的时间意识和远见，并开始用手进行劳动，譬如采集枯枝败叶，维持火的燃烧。

大约就在这个时候（或许更早），人类荡造了语言。语言不仅是原始人相互之间传送信息的工具，而且也为人类时间意识的进一步发展提供了条件。

人类对时间的认识源于自身发展的需要

对于人类发展的史前阶段，探讨这一点是比较困难的。前人留下的是"果"，而"因"本身只能靠我们去推测。由目前的资料可以推测到，至少有

3 个方面的原因，导致人们去认识时间，并不断地推动这一认识向前发展和深化。

首先是生存的需要。远古时代，人们过着原始群居的渔猎游牧生活，使用最简陋的工具，靠采集和渔猎获取食物，借以延续自己的生存。在顺利情况下，每天所得食物尚能勉强果腹；遇上不虞灾祸，就只好忍饥挨饿。为了遮风避雨，他们往往把森林、洞穴等天然场所作为固定的住地，"日出而作，日入而息"。出于这种生存斗争的需要，这个时期的人类不得不对由太阳东升西落所引起的时间变化有最粗浅的了解和熟悉。例如，什么时候出发，到多远的地方去采猎，才能在日落前赶回住所。日落之前回不到居住的洞穴，对于他们是很危险的。可以推想，这就是人类认识昼夜交替和白昼长短的开始。当然，这时的认识是十分肤浅的，甚至可以说并不比某些动物的认识高明多少。因为这个时期的人，活动范围狭窄，大脑的抽象思维和判断能力也很差。

第二是发展生产的需要。随着生产的发展，以采集渔猎为生的原始人类逐步过渡到农业社会。在农牧业生产中，作物的播种、耕耘、收获、贮藏，都要同季节变化密切配合。安排随时可以得到好收成，稍有差错就会造成歉收。如果说原始群居社会离不开"日"这个概念的话，那么对于农业社会来说，就不能没有月份、季节和年的知识。古人最初是根据草木枯荣、鸟兽出没等物候现象来确定月份和季节，并借以指导农牧业生产。物候变化与自然环境的变迁一次又一次重复地印入人的脑海，天象的循环变化同样留给人们以深刻的印象。它们之间的相依关系无疑将为人们逐渐了解。于是，通过观察日月星辰的运动变化来确定这些比日更长的时间单位（月、季节和年）就是很自然的事了。

第三是建立唯物主义宇宙观的需要。前面已经说过，时间问题是人类认识宇宙的两个基本组成部分（另一个是空间）之一。就是说，它是人们世界观的主要内容。既是世界观问题，就有唯心和唯物之分。自从人类社会产生阶级以后，统治阶级总是在时间和空间的问题上编造种种荒诞怪论，借以欺骗人民，达到巩固其统治的目的。而一切对自然现象进行客观研究的人，尽管他们不是自觉地站在唯物主义的立场上，但都承认时间的客观实在性，能够按照事物的本来面目去认识事物。因此，从某种意义上说，科学的时间认识，是在同唯心主义（宗教迷信）的斗争中建立起来的。这是科学发展史上很重要的一个阶段。同天文学、生物学、地质学、人类学等等比较古老的科学认识一样，科学的时间认识也是在一片有害的丛林——巫术和迷信的丛林——中发芽成长的，而这片有害的丛林对于认识的幼苗又总是一再加以摧残，不让它成长。这就是科学发展史向人们展现的历史事实。

关于时间的神话传说

我们还可以凭借那些遥远时代所流传下来的神话传说，去寻找凤毛麟角，推断古人对于时间的认识程度。从神话或者传说中研究科学问题，乍看起来似乎难以理解。神话与科学势不两立，这在现代是正确的。但在古代，尤其是遥远的古代，神话作为一种意识形态，却反映了原始人类改造自然的朴素想象，其中也反映了他们对自然界的认识程度。

关于时间观念的神话，国内和国外都有很多传说。它们都是同宇宙起源的神话联系在一起的。在我国，所谓时间的起源包含在盘古开天辟地的神话之中。据《三五历纪》载："天地混沌如鸡子，盘古生其中。"后来，盘古把太阳和星星从混沌的悬崖上凿开，"阳清为天，阴浊为地"，从而创造了宇宙，时间也就从这时开始流驰。在盘古抡斧砍伐时，有动物的祖先——龙、凤、龟、蛇作伴。盘古死后，他的身躯变成整个大地：头部化为山岳，肌肉化为土壤，血液化为河海江湖，风是他死后的呼吸，，爬过他身上的虫变成了人。按照传说，这大约是在 1 万 8 千年以前。

在我国的神话传说中还有许多关于羲和的传说。《尚书·尧典》载，羲和专管"历象日月星辰，敬授人时"，是个负责观象授时、确定时间的官员。他大约生活在公元前 22 世纪。这反映了当时的观象授时在农业社会中的重要地位。直到今天，我们仍把确定、保持并提供时间的工作称为授时。"授时"一语的由来大概渊源于此。

同羲和的神话十分类似的还有关于常羲的传说。《山海经·大荒西经》

载："大荒之中，有女子方浴月。帝俊妻常羲，生月十有二，此始浴之。"值得注意的是，天帝帝俊的妻子常羲生了12个月亮！这恰好说明阴历一年有十二个朔望月。

我国的神话传说中还有一则小故事不大为人注意，实际上它和历法的产生有很深的渊源。这则故事见于《纬史》卷九引《田俅子》："尧为天子，其荚生于庭。帝为成历。"《述异记》中也说："尧为仁君，……历草生揩宫。"这里的所谓其荚或历草，指生于阶沿的一种草。它从每月初一起，一天结1个豆荚，到月半共结15个；从16日开始，又每天落下1个豆荚。如果是大月（30天）它就落完了；如果是小月（29天），它就剩下1个豆荚枯焦了不落下来。这则神话反映了古代人们对朔望月的认识，意思也是十分明显的。所以到了汉代，张衡竟做了一个木制的其荚，作为日历用。

在古埃及的神话传说中，大地是身披植物的男神西布的身躯，天穹是姿态优美的女神吕蒂。据说最初西布和吕蒂紧紧相连于静止的水中，后来，有一个新的大气神舒由原始水中出现，把他们分开，创造了天地。从创世之日起，时间神索思就开始计数时间。在埃及的历法年里，一年的第一个月份就以索思命名。古埃及人还把索思想象为具有支配人死后灵魂的神力。它左手握有人的生命之符，右手拿着铁笔描绘人死后的灵魂。

在希腊流传最广的神话中，大地是由一个叫阿特拉斯的神肩托着。他是把火种窃送人间的神普罗米修斯的兄弟，由于得罪了众神之王宙斯，被罚双肩顶着世界和西部天空，成为一根"天柱"。在古希腊也有天地原先是一片混沌的观念。希西阿德的《神谱》把世界的原始描绘为大地"从混沌中产生了黑暗和夜晚，它和黑暗交配之后，又从夜晚产生了天和白日"。由于农业的产生和发展，古希腊人最初把农神克罗纳斯当成时间之父。克罗纳斯是天神尤拉纳斯和地神盖亚的小儿子。他推翻了自己的父亲而取得统治地位，却又害怕自己的后代会效法于他。因此，他企图在自己的儿女刚出生时便吃掉他们，结果没有成功。后来，他的另一个儿子宙斯果然步他的后尘，把他推翻，成为众神之首。宙斯统管众神之后，便差遣最小的弟弟专管时间、命运和农业。他弟弟手中的镰刀就是把年切成一段一段的工具。

在古巴比伦，人们认为大地是一块平板，中间是陆地，四周是海洋，海洋外侧有陡峭的大山支撑着圆天，圆天内侧罗列着星辰。白天和黑夜的变化是因为大地之下有一根巨管，太阳白天在天空中，夕幕于西，夜里就潜入管中，跑到另一端，翌晨始于东口复现。古代巴比伦人生活在幼发拉底河流域的平坦平原上，他们在观察远处景物时，往往只见到在地平线上有消逝的景象，致使他们产生上述的观念。

古代中外各民族关于时间的神话很多，连同上述这些传说一起，大体上半是直觉认识，半是神话杜撰。在今天看来，他们或许会感到十分荒唐可笑。但这毕竟是人类认识时间史上的一个不可逾越的阶段。它反映人们用想象和借助想象以征服、支配自然力的一种愿望，在早期是有积极意义的。但是，随着阶级社会的产生，统治阶级利用这类神话，掺进种种剥削阶级的意识，使之成为毒害和蒙蔽劳动人们的工具。这样，它就完全丧失其原来的意义而成为对科学的反动了。

恒星日和太阳日

宇宙在时间上是无穷无尽的；时间本身没有起点和终点。假如用一根线段表示时间的任意一个段落，那么这个线段上的任意一点，都表示一定的时刻；而任意两点间的距离以及这个线段本身，都表示一定的时段。

时间的自然单位有 3 种：日、月和年。它们都是天体运行的周期。

地球不停地自西向东自转，同时沿着椭圆形轨道绕太阳公转。地球上由此产生了昼夜交替和昼夜长短的变化。随着太阳在地面上的直射点不断由东向西移动，昼半球和夜半球在相互交替中，白天变成黑夜，黑夜又变成了白天。

地球自转的结果，产生了天然的时间单位——日。日是地球自转一周的时间，比它更小的单位就是时、分和秒，都是日的等分。

一天的时间有多长呢？一天是 24 小时，这似乎是不成问题的。地球自转一周，到底需要多少时间呢？计算一天时间的方法，主要有恒星日和太阳日两种。

恒星日是某一恒星（或春分点）连续两次经过同一子午线平面的时间间隔。这是地球自转的真正周期。所需的时间是 23 时 56 分 4 秒。这叫做一个恒星日，是以恒星为标准来测定的，长度没有明显的变化，在天文观测上很重要。

但是，恒星日同人们日常生活、昼夜变化的节律不很适应。同人类生活关系最密切的是太阳，人们最关心的时间是太阳时。

人们平常说，一天 24 小时，是太阳连续两次经过同一子午线平面的时间间隔，叫做一个"真太阳日"。将一个真太阳日分为 24 等分，每一等分即为一真太阳时（或称视时）。由于地球在自转的同时还在绕日公转，一个太阳日，地球要转 360°59′，比恒星日多 59′，所以时间上比恒星日多分 56 秒钟。

地球公转的轨道为椭圆形，地球距离太阳有时近，有时远；公转的速度有时快些，有时慢些。这样，一天就有长有短了。一天有时超过 24 小时，有时却不到 24 小时，在使用上很不方便。人们在一年中长短不等的太阳日中，求得一个平均数来，这叫平"太阳日"，一般叫它"太阳日"。一个太阳日的 24 等分之一为一"平太阳时"。日常钟表所示的时间就是平太阳时。每小时分为 60 分，每分钟为 60 秒。这是人们日常使用的时间单位。

平太阳日和真太阳日两次经过同一子午线平面的时间间隔是不同的。最多能相差 16 分钟。一年中只有 4 天的时间间隔才一样。因此，很早以前巴黎的钟表匠在自己的招牌上写道："太阳所指示的时间是骗人的。"

格林尼治时间

17 世纪以来，航海事业蓬勃发展，许多航海国家为了更好地确定船舶在海上的位置，纷纷建造天文台。

1675 年，英皇查尔斯二世决定，在伦敦郊外格林尼治公园建造皇家天文台——格林尼治天文台。当时，这个天文台的主要任务是，精确测量恒星的位置。30 年后，它公布了一部星表叫《英国天文志》，记录着详细的天象资料。1767 年，出版了《英国航海历书》，以一种国际通用的时间——格林尼治时间出现在天文历书中，当时的世界时就是格林尼治视时。

格林尼治天文台位于古老伦敦城东 8 公里的泰晤士河南岸，是个依山傍水、景色秀丽的地方，已有 300 多年的历史。

1948 年，由于伦敦市区拥挤而多雾，天文台搬迁到郊区濒海的古城赫斯特蒙（东经 $0°20'25''$，时间相差 81 秒）的一座小山上。

原址作为国家航海博物馆，那里除了陈列这座天文台早期用过的各种观测仪器外，还有一个"子午馆"，公开展出，供人参观。

在子午馆里，有一间专门的房间，保存着一台子午仪。它的基座上刻有一条垂线，这就是本初子午线。子午仪上的英文是：世界本初子午线。一条白颜色垂线的两旁，分别写着东经和西经。在子午馆里有一条镶嵌在大理石的中间的铜线，铜线还延伸到墙外的水泥地上。游人来到这里，都喜欢站在门口，双脚分跨在铜线的两侧，拍一张有趣的照片留念——0° 经线在脚下穿过。子午馆大门外的砖墙上，镶有一台 24 小时走动的大型标准钟，那是 1851 年安装的。

新的格林尼治天文台建在 15 世纪的赫斯特蒙城堡里，它位于离伦敦 100 多公里外的萨塞克斯郡。那里山丘森林环抱，有城墙和护城河，面积约 15 公顷。周围的山丘上，以古堡为中心新造了 7 座大大小小圆顶观测台和研究大楼，里面装有世界上精确的计时仪器：原子钟、249 厘米口径牛顿天文望远镜，许多较小型的望远镜和观察设备，还有精密的天文仪器和电子计算机。一座车库大小的铝屋是天文照相机的顶管，遥对着星空，不停地拍摄星球经过时的相片，并能自动地记录出时间来。

这里住着 200 多位天文学家和技术人员，日日夜夜地观测，计算出精确的时间，然后，通过 6 个电子发音器传到英国国家广播公司，向英国和全世界广播，为了弥补格林尼治天文台地理位置的更动，在计算时间时增加了 81 秒钟。

格林尼治的天文学家承认，目前的计时并不是绝对正确的。因为天文学在计算时间上，会有不同的结果，即使最精确的原子钟也有误差。因此，每年除夕的午夜到来之前，天文台的工程师有时候要在格林尼治时间上，加或减一秒"修正"时间——"闰秒"。

中国的标准时间

什么是"北京时间"呢？它是我国根据区时制以及本国的具体情况制定出的一种标准时。

我国幅员广大，如果按照标准时区的划分，我国由西到东可划为东5区、东6区、东7区、东8区和东9区，共5个时区，最东的地方和最西的地方，区时相差4个多小时。但为了计时方便，我国采用首都北京所在的东8区的区时作为全国统一的时间。"北京时间"不是北京的真太阳时或北京的地方平时，而是东8区中心线120°经线上的地方平太阳时，它以东经120°的地方视时为基础，并经过视太阳时流通不均的订正。它只符合东经120°的天文条件，而不符合北京（东经116°19′）的天文条件，因而不是北京的地方平时。

这种电台传出的清脆悦耳的报时声是哪里发出来的？北京时间是在哪里测定的呢？报时声是由北京天文台通过中央人民广播电台发出来的；而北京天文台却是通过陕西天文台授时台授时，校正时间，向全国播出标准的北京时间。

陕西天文台授时台位于离西安约150公里的蒲城县境内，是我国目前唯一的一个规模较大的现代化授时中心，也是我国测定和发播标准时间的地方。

授时台主要有两个发播标准时间与频率的专用电台。一个是以BPM呼声为代表的短波时台，一个是以BPL呼声为代表的长波授时台，都是1981年正式使用发播的。

在短波授时台，纵横交错的天线宛如蛛网，基准钟房和微波发射室里的各种现代化仪器有节奏地发出"嘟，嘟"的信号，日夜不停地进行着时间的测定和发播。这个台承担了我国短波无线电标准时间、标准频率的发播任务，用短波无线电传播时间信号。在我国任何地方都可以准确可靠地收听到它们所发播的精确信号，即使在欧洲非洲和美洲也可以清晰地收听到它的信号。现在，全世界已有几十个类似的短波台分布在全球各地。

　　长波授时台是利用长波无线电波传播时间信号的，它的精确度比短波授时台更高。在这里，利用氢原子钟和铯原子钟等现代化授时仪器，建立了我国原子时间标准，可以保持 3 万年甚至 30 万年才有正负一秒的偏差。它使我国的定时精度从短波发播的毫秒（千分之一秒）量级，推进到微秒（万分之一秒）量级，提高 3~4 倍以上。它完全可以适应空间技术，发射卫星、导弹和科学研究等方面的需要，标志着我国的授时工作已经进入世界先进行列。

时间的计量

时间观念的由来

时间是我们亲密的伴侣，任何人都离不开它。但是时间似乎又是看不见摸不着的怪物，这是不少人的感觉。其实，时间与空间一样，都是物质存在的一种形式。宇宙万物都在时间的长河中发生、发展与变化着。时间是无穷尽的，没有开头，也没有结尾。时间又是连续的，任何"万能"的刀子都不能把时间长河切断、分开。

"时刻"与"时间间隔"

通常我们所说的时间包含有"时刻"与"时间间隔"两个内容。"时刻"是指某事件发生的瞬间（例如火车在 8 点 5 分开出），"时间间隔"是指某一事件持续的久暂（例如电影演了 1 个半小时）。简单地说，时刻是表示什么时候，时间间隔是表示时间有多长了。

时间的计量方法

远古时代的人们，知道太阳出来了，就是白天，太阳下山了就是黑夜；白天与黑夜，循环不已，因此产生了"日"的观念。人们"日出而作，日入而息"地安排自己的生活。

后来觉得日这个时间长度还太长，就将一日分为 12 个时辰，用子、丑、寅、卯、辰、巳、午、未、申、酉、戌、亥12个字来表示。规定半夜时为子时（子时也是日的开始），太阳最高时为正午。这种方法起源于西汉中期，唐代以后又将每个时辰划分为初、正两部分，实际上已与现代的24小时相似了。这些时间的计量单位，现在有时还在应用。

但是，现在全世界用的计量单位是一天24小时，这种划分法是从古代埃及开始的。古埃及人将日出到日没的白天定为10个小时，晚上定为12个小时，还有"微明时"，包括1小时黎明，1小时黄昏，这样，一天共有24个小时。但是每小时的长度是不一样的，特别是冬天白天短，夏天白天长，而且冬天晨昏时间比较短，夏天晨昏时间比较长，因此这种划分法在使用上是很不方便的。后来埃及人就去掉"微明时"，将1天均匀划分为24个小时，每小时又分为60分，每分又分为60秒，成了特殊的60进位制，而秒后小数是10进制。这时、分、秒就是人们计量时间的基本单位。

如果有人问：一秒究竟有多长呢？那这里只能说，1秒大致是1日的1/86400。为什么用"大致"二字呢？因为没有指出"日"是"平太阳日"。这么说，天上还有个"平太阳"吗？那是怎么回事呢？

天空的坐标

为了表示黄道在天空的位置，需要引用天球的概念。

大家都有这样的感觉，无论我们走到哪里，都觉得天空好像半个球面盖在头上，由此就产生了"天球"的概念。观测者的眼睛可作为天球的球心，但通常以地心作为天球的中心。天球的半径是无穷大（作图时常取为一个单位）。通常将地球的自转轴无限延长到与天球相交，这相交的点叫做北天极与南天极。地球的赤道平面无限扩大与天球相交的大圆圈，叫做天球赤道。

有了这么一个假想的天球，如果将太阳周年（视）运动的路线画上去，就是黄道。不难看出，黄道与赤道有一个23.5°的交角（叫黄赤交角，我国在战国时代就已测量出来）。由于这个黄赤交角，使我们的计时工作碰到一些困难。那是什么样的困难呢？后面再说。

再谈时间的计量

从古代起，人们就以太阳高度最高的时刻作为正午。太阳从正午开始向西移动，下山后，经过 1 个黑夜，又从东方升起来，再到正午，这么 1 圈所经过的时间间隔，就叫做 1 个真太阳日。真太阳日分为 24 小时，就是真太阳时。古时用日晷记的时间，就是真太阳时。

后来发现，1 年内真太阳日的长度逐日不同，最长与最短时可相差 51 秒。原因就在于前面所说的两点：一是太阳视运动速度不均匀，二是黄赤交角。我们计量时间是以地球自转为标准的，也可以说是以天赤道为标准的。可是太阳是在黄道上运动，即使太阳视运动是均匀的，但它们在赤道上的投影是不均匀的。因此，黄赤交角的存在，增加了计量时间的复杂性。既然真太阳走得有快有慢，那么，要做 1 个钟表机械跟着太阳走，有时快，有时慢，这是做不到的（钟表机械只能是做比较均匀的旋转）。所以，1820 年法国科学院会议决定，将 1 年内各个真太阳日的平均值，作为 1 个"平均太阳日"或"平太阳日"，以平太阳日来定的时间就叫做"平太阳时"或"平时"。后来世界各国都采用这种计时办法。现在，我们钟表上的时间都是按平太阳时来计算的。

为了测量时间，人们就设想天上有 1 个"平太阳"，它在天赤道上走，并且每天走的速度都一样；也是 1 年走 1 圈。这样，平太阳时也可以跟真太阳时一样来定义了。比如，当平太阳在南方最高位置时是正午。平太阳由正午到下一次正午所经历的时间间隔就是 1 个平太阳日。1 个平太阳日分为 24 小时，1 小时分为印分，1 分分为 60 秒。这样，一秒的长度就是平太阳日的 1/86400。

1 个回归年长为 365 日 5 时 48 分 46 秒，或 365.2422 平太阳日。习惯上省去"平太阳"，也就是 365.2422 日。但应理解，这"日"就是平太阳日。

上面讲过，真太阳在黄道上1年走1周，平太阳在赤道上1年走1周；真太阳的运行速度是不均匀的，平太阳运动的速度是均匀的。所以在任何一天，平太阳与真太阳并不会在同一个方向上，或者说：平太阳正午时，真太阳不一定是正午。因而两者所表示的时刻就会不一致。也就是说，真太阳时与平太阳时不一致，它们的差别就叫做"时差"。用公式表示就是：

真太阳时 – 平太阳时 = 时差。

或：视时 – 平时 = 时差。

时差的数值已按天体力学的方法预先计算出来了，它刊登在"中国天文年历"中。1年当中，每天的时差都是不相同的，最大的时差可达16分，最小的是零。1年有4次为零，约在4月15日，6月14日，9月1日，12月24日。每年同一天的时差值并不完全相同，而有微小的变化。

如果我们应用经纬仪或其他仪器观测了太阳，定出真太阳时，然后查出时差值，就知道当时的平太阳时了。

世界时与"北京时间"

大家知道，各地在地球上的位置是用经度和纬度来表示的。纬度是当地与赤道的距离（以度数表示），经度则是以通过英国伦敦附近的格林尼治天文台的经线（叫本初子午线）为起点，向东或向西计量，由到180°，在格林尼治以东的为东经，以西的为西经。比如我国首都北京是在东经116.5°北纬40°，太原在东经112.5°北纬38°。

沿地球1周的经度为360′，地球转1圈为24小时，所以经度与时间有对应关系。经度15°合1小时，1°合4分。那么北京的经度可写为7时46分，太原的经度可写为7时30分。

上面所讲的时间的计量，是以当地的正午为准的。这就产生了一个问题，即经度不同的各个地方都有自己的正午，这样，各地的时刻就会不一样了。比方说，我国的青岛、杭州，处在东经120经线上，太原处在东经112.5°经线上。青岛、杭州正午时，在太原看见太阳还偏东，不到正午。太原与青岛的经度相差为 7.5°，合时间为 30 分。太阳要经过 30 分才走到太原的正南方，这时太原才是正午，而这时刻，青岛、杭州已是午后 30 分了。可见，同一瞬间，地球上各地的时间是不一样的。东边的时刻早，西边的时刻晚。我国东部长白山上的人吃午饭的时候，西部帕米尔高原上的人刚吃过早饭，正赶着马群去放牧。

从前，每个城市各用自己的时间。这在古代交通不发达、来往不多的情况下，还没有什么不合适。但到了近代，随着交通的发达，各地交往比较多。一个人带着钟表走到另一个城市，就要按当地的时间来改正自己的钟表，再到另一个城市，又要改变自己的钟表，这显然是很不方便的。

大约从 18 世纪起，各国开始用自己首都的时间作为全国统一的时间。但是，每个国家都有自己的时间，在国际往来比较多的时候，也就显得不方便了。因此，1878 年加拿大的一位铁路工程师（弗列明）提出用分区计时的办法来解决这个问题。1884 年华盛顿国际会议决定采用这个办法。

分区计时是这样规定的：将地球按经度分为 24 个时区，每时区包括经度 15°，每时区以此区中间的经线上的时间作为标准，叫做区时或标准时。

经度 0° 所在的时区叫作"零时区"，它包括东经 7.5° 以西、西经 7.5° 甲以东的地区，零时区的时间叫做"格林尼治时间"，或通称"世界时"。英国、法国、西班牙、阿尔及利亚、摩洛哥等都位于零时区，所用标准时即世界时。

零时区东边的 1 区，从东经 7.5° 到 22.5° 为东 1 区。中央经线为 15°，它的标准时间比世界时早 1 小时，再往东是东 2 区，它的标准时比世界时早 2 小时。一直向东，共有 12 个时区。同样，在零时区西边的 1 区是西 1 区，时间比世界时晚 1 小时，再过去是西 2 区、西 3 区等等，共有 12 个时区。东 12 区与西 12 区是同一个时区。因此，全球共分 24 个时区，有 24 个标准时。

相邻两个时区的标准时相差 1 小时，但各区的标准时在分和秒上都是相同的。

实际上，时区很少按经线整整齐齐地划分，而是按自然地理界线和行政区划分的。所以时区的边界往往是弯弯曲曲的。

我国领土辽阔广大，纬度从北纬 5°到 56°，经度从东经 72°到 135°。按国际时区划分，我国横跨 5 个时区，也就是东 5 区、东 6 区、东 7 区、东 8 区和东 9 区。解放后，全国采用东 8 区的标准时，作为全国统一的标准时间。首都北京在东 8 区内，所以这标准时就称为"北京时间"。"北京时间"与世界时差 8 小时，比如"北京时间"上午 8 点时，世界时是零点。

这样，我们可以知道，"北京时间"并不是北京当地的时间，而是全国统一的标准时。它是根据东经 120°经线上的时间作为标准的。青岛、杭州正好在这条经线上，所以"北京时间"相当于青岛、杭州当地的时间。

什么是历法

推算年、月、日的时间长度和它们之间的关系，制定时间顺序的法则就叫历法。

早在古代，人们就已经在生产和生活的实践中，通过对日月星辰的长期观测，逐渐了解并掌握了月亮、太阳和星星的运动规律：由昼夜交替的现象，形成了"日"的概念；根据月相变化及月亮运动周期，形成了"月"的概念；从四季交替循环现象中，形成了"年"的概念。这三个概念的形成，因为依据对象不同而相互独立。如果把四季中日照竿影最长的一天称为冬至点，那么连续两个冬至点之间所经过的时间就是1年（1回归年）；如果把朔之后出现的月相叫做新月，那么再次出现新月所需要的时间就是1个朔望月；日的长度很好定，就是连续两次太阳在正南，使日照竿影最短的时间间隔。但古人很早就发现，当把日的长度确定下来后，年的长度不是日、月的整数倍，月的长度也不是日的整数倍（现代精确测定，1回归年为365.2422平太阳日，为12.3683朔望月；1朔望月为29.5306平太阳日）。可是制定历法，人们又不习惯于把完整的一日分属在相连的两个月或相连的两个年里，于是世界各国历代制定的历法，因当地风俗习惯的不同、侧重点不同而被规定得各种各样。我们大体可以把它们分为3类：一类是阳历，其中年的日数依据天象，平均约等于回归年，月的日数和年的月数则人为规定，如公历、儒略历等；另一类是阴历，其中月的日数依据天象，平均约等于朔望月，年的月数则人为规定，如伊斯兰教历、希腊历等；还有一类是阴阳历，其中年、月的日数都依据天象，月的日数平均约等于朔望月，年的日数又平均约等于回归年，如我国现在还采用的农历及藏历等。

此外历法的内容还有确定年首、月首、节气以及比年更长的时间单位等。

原始的计时单位——日的由来

人类最早认识的第一个时间单位不是年，也不是月，而是日。

在原始群居的渔猎时代，没有任何东西能够像黎明降于大地的光明和温暖，以及日落带来的黑暗与寒冷更影响人类的生存。太阳东升西落，周而复始，循环出现。这一次日出到下一次日出，或这一次日落到下一次日落，这样天然的时间变化周期，使人们逐渐产生了日的概念。

有了"日"这一概念之后，人们便开始计数日期。计数日期是古人同大自然作斗争的需要，也是认识史上合乎逻辑的发展。但是在那样的时代，那样的条件下，要计算日子并不是一桩容易的事情。

正如前面已介绍过的那样，传说古人最初是用"结绳记日"以及"刻木记引"等方法来计算日子的。这些传说反映了古人对日出日落最初期的直观计数，并非臆测，即使在今天，在我国一些少数民族（例如独龙族和佤族）的习俗中，也还能够找到类似的痕迹。

我国有据可考的最早的记日方法是殷商时代的甲骨文干支表。干，指天干。它由"甲、乙、丙、丁、戊、己、庚、辛、壬、癸"10 个字组成。支，是地支，它用"子、丑、寅、卯、辰、巳、午、未、申、酉、戌、亥"12 个字表示。一个天干配上一个地支。就组成一对干支。如天干以"甲"字开始，地支以"子"字开始，按这样顺序组合，可得六十对干支，称为六十甲子或六十花甲。选取某一天为开头，以后的日子就都可以称呼了。这种方法虽然简单，但它出现在 3000 多年以前的殷代，不能不说是一大创造。据史料记载，我国从春秋时期鲁隐公三年（公元前 722 年）二月己巳日起就开始连续记日，直到清代宣统三年（公元 1911 年）止，共 2600 多年，这是迄今所知世界上最长的记日资料。

干支还被用来记月，但时间不长就废止了。用干支纪年大约始于东汉初期，以后从未间断过。直到今天，例如 1983 年，我国的日历上还印有"癸亥年"字样。这就是说，公元 1983 年，农历是癸亥年。

月 的 由 来

晴朗的夜空，明月高悬，清澈如镜。那多变的月亮，占往今来，引起了人们多少遐想和憧憬！"嫦娥奔月"，千古传诵，脍炙人口。"寂寞嫦娥舒广袖，万里长空且为忠魂舞。"这不朽的诗句，更为美丽的神话壮色生辉。

月亮是夜空中最显著的天象。在没有灯烛的古代，捕捞、放牧以至某些农活，都可以在月光下进行。即使到了可以用火来照明的时代，月亮对于人们也还有颇大的影响。"举事常随月，盛壮以攻战，月亏则退兵"（《汉书·匈奴传》），连行军打仗也要利用月色。因此，对于古人来说，月亮的作用仅次于太阳。

常羲"生月十有二"大概是古人对月亮的最初期的认识。他们认为月亮从圆到缺就慢慢死去，下一个月出来的是新生的月亮。但是"夜光何德，死则又育"（屈原：《天问》）则反映古人对于月亮的进一步思索。

月亮的升落，以及它的圆缺变化是人类最早认识的天象之一。我国周代的金文，把从"朒"——初三新月出现开始，叫做"初吉"。由"朒"向前推，每月初一、三十，完全看不到月亮，这就是"朔"。十五前后月亮最圆，称为"望"。人们注意到朔望变化具有相当准确的周期，由此产生了朔望月概念。

所谓朔望月，就是把从这一次朔到下一次朔，或这一次望到下一次望的时间间隔定为一月，它等于 29 ~ 30 天。

朔望月的出现是人类继"日"之后认识的又一个时间周期。从原始计时单位"日"发展到更长的时间单位"月"，标志着人类对于时间的认识和测量又向前迈进了一步。

现在我们知道，月亮是地球的卫星。它绕地球运动，本身不发光，而反射来自太阳的光。在地球和月亮一道绕太阳运动的过程中，太阳光有时能完全照亮朝向地球的月面，有时只照亮一部分，有时则完全照不到。因此，生活在地球上的人就会看到月亮有不同的形状，称为月相，又叫盈亏。

月相变化有五个主要阶段：新月—上弦—满月—下弦—残月。新月在农历初二三傍晚出现在天空的西方，就是前面提到的"朏"。上弦月出现在初八九，能看到半个月面。满月在十五六，此时太阳和月亮正好隔着地球遥遥相对，所以又称作"望"。下弦月是二十六七清晨出现在天空东方的弯月。在每月初一和三十，月亮朝向地球的一面恰好背着太阳，这就是上面说到的"朔"。

一个朔望月包含多少天？这不是一个简单的数字。因为月亮绕地球运动的轨道是一个椭圆。月亮在椭圆轨道上运动的时候，其中有一点离地球最近，叫近地点；有一点离地球最远，叫远地点。在近地点附近，月亮运动速度较快；在远地点附近，月亮运动速度较慢．因此，月亮的运动速度不是均匀的，而是周期性变化的。加之太阳视运动也有周期性变化，所以月亮每圆缺一次，所经历的时间也就不是固定的。现代观测表明，较为准确的朔望月长度约为 29.5306 天。请记住这个数字，它是阴历中分大、小月的原因和依据。

年的由来

在人们的现代生活中，对于较长的时间间隔，例如追忆往事或计划将来，往往以"年"为单位。我们今天对"年"已经习以为常了。但是人类认识这一周期并把它组织成适用的时间单位，却花去了科学史上上千年的时间！

虽然目前科学史家还不能确切地说明年这个概念产生的具体年代，但有一点可以肯定，即它一定是随着农业社会的发展而出现的。西安半坡遗址窖藏的粟粒，保存在陶罐中的白菜和芥菜种子；浙江余姚河姆渡遗址中大量的稻谷，这些都说明从黄河流域到长江以南的广阔土地上，远在 6000 年前就有了一定水平的农业。应当承认，那个时候人们已经基本掌握四时变化的基本规律和农作物生长周期的关系了。因为农业的发展，从一开始就有赖于掌握时令。

当然我们不是说那个时代的人已经学会观察天象并掌握其变化规律了。年的交替是地球绕太阳公转运动的周期。在那样的时代（大约是新石器时代）不但没有观察天体运动规律的科学水平，而且也根本不知道地球是绕太阳在运动。"地动说"是近代波兰天文学家哥白尼在17世纪才提出来的。

因此我们可以认为原始人类认识年，最早不是根据天象，而是根据大地上各种自然现象：河水泛滥，草木枯荣，鸟兽迁徙，寒暖交替，等等。即使在今天，有些农民根据这些自然现象判断季节，相差也不会太大。这些自然现象统称方"物候"。

我国古代劳动人民在长期的生产活动中积累了大量观察物候的经验。在古籍《夏小正》中，已经有了丰富的物候描述，其中有一段说：

正月，雁向北飞，鱼儿上浮，田鼠出洞，桃树开花；

二月，开始种黍，羊儿产羔，堇菜发芽，昆虫蠢动；

三月，桑叶萌发，杨柳抽枝；

四月，杏树结果，沟河田间有蛙鸣；

五月，杜鹃啼，蝉儿叫，夏瓜结果；

六月，桃子熟了，小鹰正学飞；

七月，雨季到来，苇子长成了；

八月，瓜熟季节，枣儿也下来了；

九月，大雁南迁，菊花盛开，鸟兽准备过冬；

十月，乌鸦乱飞，准备狩猎；

十一月，鹿角秃了，狩猎开始；

十二月，昆虫潜入地下，鸢鸟在天上飞鸣……我国古代关于物候的记载还有很多，几乎每个民族都有自己的《夏小正》。这些物候观察最初纯属直观的。但是，在大量的直观观察基础上，古人必然会开始思考这些物候的变化规律，从而逐步形成年的概念。

当然各个民族，由于他们生活的环境不同，观察对象不同，产生"年"这一概念所依据的物候现象也就会各不相同。例如《魏书》中描述岩昌羌族的习俗时说："俗无文字，但候草木荣枯以记岁时。"我国古代对年也有不同的叫法（即使现代也是如此）。《尔雅·释天》中对年的解释说："夏曰岁，商曰祀，周曰年，唐虞曰载。"《魏书》中所说的"草木记岁"，也就是记年。

另外生活在我国北方草原上的古代蒙古族人民，则干脆以牧草一青为一年。他们把几岁叫做"几草"，或"草青几度"。

古代的物候观察一般比较粗疏，加之气候变迁，所以即使是同一地区，物候现象也会因时而异，不能适应农牧业发展的需要，这就促使古人慢慢学会利用天象变化纪年。

四季的划分

认识了年以后，古人在劳动实践中又对年进行了细分。一分为二，二分为四，产生了四季。

我们现在称春夏秋冬为四季，古人则称它为四时。早期的四时划分是人为的。春暖，夏热，秋凉，冬寒，在各个地区并不一样。世界上，有的地方分两季：旱季和雨季；有的地方分三季：雨季、冷季和热季；个别地方甚至分为六季。但是春、夏、秋、冬四季之名却在全世界普遍使用。

我国古代四时划分最初来源于"四方"。《管子·四时》篇中有这样的说明：

东方曰星，其时曰春

南方曰日，其时曰夏

西方曰辰，其时曰秋

北方曰月，其时曰冬

在外国，最早对年进行四分的是古希腊。古希腊人以昴星团和大角星的升落为标志，将一年划分为春夏秋冬四季。

随着天文学的发展，大约过了许多世纪，人们才逐步把四季同太阳周年视运动联系起来。

我们知道，太阳是一颗恒星，地球绕着太阳在运动。地球的运动包括两部分，一是自转，二是公转。自转一周是一天，公转一圈为一年。我们生活在地球上，觉察不出地球的运动。晚上看到星星在天空中运动，白天看到太阳在天空中运动。天文学上把这种看上去的运动称为视运动。

仔细观察太阳的视运动情况，你会发现太阳除了每天东升西落外，还有一种在恒星背景上的运动。这种运动经过一定时间，使太阳自身在群星之间绕行一圈，然后又回到原来的起始位置。它反映在天球上，就是太阳在天球上画了一个大圆。这个大圆叫做黄道。黄道和赤道在天球上相交于两点，一个叫春分点，一个叫秋分点。在黄道上，同春分点和秋分点相对的还有两点，即夏至点和冬至点。太阳在黄道上的运动叫太阳的周年视运动。如果以春分点作为起算点，太阳沿黄道运动一圈又回到春分点的时间，就是一个回归年。

太阳在黄道上运动时，每年在阳历3月21日前后从天球的南半球通过春分点进入北半球，此时地球上昼夜的时间相等。在6月21日左右，太阳到达夏至点，这时地球上北半球中午的太阳高度最高，白天的时间最长。在9月23日左右，太阳又由天球的北半球通过秋分点进入南半球，地球上昼夜时间再次相等。在12月22日左右，太阳到达冬至点，地球上北半球中午的太阳高度最低，白天的时间最短。地球上的季节，由春到夏，以至秋冬，暑往寒来，循环不已，就是由于太阳这种周年视运动引起的。

四季以两个分点（春分点和秋分点）和两个至点（夏至点和冬至点）作为每一季节的中点。冬至到春分的中点是春季的开始，称为"立春"。其他各季，依此类推。

研究历法的意义

由于生产和生活的需要，早在古代人们就渴望了解并掌握昼夜、月相和季节的变化规律，以及更长的时间计量方法。世界各文明古国很早就开始根据天象观测制定历法。现在我们已经知道，日有恒星日、真太阳日和平太阳日之分，月有恒星月和朔望月之分，年有恒星年和回归年之分。

历法中，我们应该选择哪种年、月、日作为标准呢？

古代人用真太阳日作为"日"的长度，但真太阳日忽长忽短，不适合作为计算时间的单位。恒星日虽然较均匀，但却与人们的生活关系不大。人们的日常生活和太阳的出没、昼夜交替密切相关，如人们常说的"日出而耕，日落而息"，正反映的是人类对太阳的依赖。而恒星日的开始却不定，春分那天是从中午开始，而秋分那天却从半夜开始。于是人们总结并设想出了一个平太阳日，这就是直到今天我们仍在使用的基本时间单位。虽然现在我们知道恒星月是月亮绕地球公转的真正周期，但是它与我们的日常生活没有什么联系，自古以来能引起人们密切关注的是朔望月。月亮的圆缺盈亏不但显著，而且与人类的夜间活动、与潮汐的变化等有着密切的关系，朔望月因此也就自然成为比日更长的计时单位。比月更长的计时单位，恐怕怎么也不能忽略四季的周期变化。农作物的种、收等与人类生活息息相关，与此对应的只能是根据太阳得到的回归年而非恒星年。由于历法中所用的日、月、年都并不准确地等于真太阳日、朔望月、回归年，我们就称它们为"历日"、"历月"、"历年"。

时间的标准长度单位已经确定，只需进一步精确即可。但编制历法仍然困难重重：如何使每一天不同于其他任何日期，以便记录各种事件发生的顺序；如何根据历法预告寒暑的来临、月相的变化……这里最困难的恐怕是规定1.年中的月数、1月中的日数，因为日、月、年之间没有最大公约数，1回归年为365.2422平太阳日，1朔望月为29.5306平太阳日。如何使编出的历法中年的长度等于回归年，月的长度等于朔望月，而且使用方便、容易记忆……这些要求实际上是无法同时满足的，但如果处理不当，长期积累下去势必破坏月份与季节、日期与月相的一致性。今年2月可能瑞雪纷飞，过多少年后就可能成了梅雨绵绵；今年八月十五是中秋节，过一段时间后可能八月初一月就圆了……使用这种寒暑倒置、朔望失常的历法，对我们的生活极为不便。所以，怎样根据日、月、年之间的实际关系，进行适当的调整与安排，使日序的进行既能符合自然现象的节拍，又能适应人类的生活规律，并尽，可能地工整、简便、易记、易用，的确是门学问。

今天在世界上大多数国家通用的公历与历史上各国的旧历相比，无疑是当前处于先进地位的历法。但公历也仍存在着许多不尽如人意的地方，比如每月的日数不一，闰日过多（每4年便有一闰，400年中，闰日多达97个），这对推算过去、将来的日期均有不便。近百年来，世界上曾有许多科学家在探求改历的方法，1910年还在伦敦召开过"世界改历会议"。至今所见改历方案已达百多种，但仍未见一部公认最科学、最实用的新历。改历之所以如此困难，是因为日历受着天象运行的严格约束。现在新测算出的回归年的长度为365.24219879平太阳日，虽然这小数点后的尾数已经难倒了众多科学家，但也许又一个更容易推算、记忆，用上万余年也不会出现天象错步的新历方案正在悄然形成之中。

没有历法的时代

那挂在墙上一天撕下一张的日历，或是印着漂亮图画的月历，还有摆在桌子上的台历……在我们的日常生活中看起来是那样的普通、平凡。

这些纸片——日历，是人类在从茹毛饮血的蒙昧时代开始不断与大自然作斗争的实践中探索和总结出来的科学产物，是来之不易的。

结绳记日　刻木相会

在远古时代，人们过着原始群居的渔猎游牧式生活，他们在与大自然作斗争的活动中，逐渐认识自然界里各种现象的运动规律。从太阳的东升西落和月亮的盈亏，逐渐认识了日月。看到植物的发芽、生长和枯落以及寒暑的变换而认识了年。

在没有历法的时代，人们是怎样计算日子的呢？比如说一个人要出门，需要多少天才能到？怎么办？古人想出了一种"结绳记日"的办法。当他出门的时候，就在腰里系了一根绳子。在路上走一天打一个结，到了目的地一数就知道是多少天。往家走时，走一天就解一个结。结解完了，家也就到了。

再如两个人约好 5 天以后再见面，他们就在一片小木片或竹片上刻上 5 个道道，然后剖开，每人各拿一半。每过一天，两个人都削去一道。当木片或竹片的刻道削完了，也就到了约会的时间了。这叫做"刻木相会"。

如果要记录较长的日期，怎么办？也有办法，例如，解放前西南地区的苗族，每当月圆 1 次，就往竹筒里扔 1 颗小石子。扔够了 12 颗小石子，便换一颗大石头子儿，这就表示到了 1 年。

观天授时

社会生产的发展推动了天文学的发生和发展。农牧业生产的发展，需要掌握"年"这个周期，因为春季播种、夏季耕耘、秋季收获、冬季贮藏，农事活动，都要和季节变化紧密配合，而季节变化的周期就是一年。

在我国一部很古老的书《夏小正》里，有根据观察天象、草木、鸟兽等自然现象定季节、月份的记载。例如什么时候田鼠出洞？什么时候杨柳萌芽？什么时候冰雪消融？从物候的变化来看一年的季节变化，并且把这些现象和串事活动相对应，用以指导农牧业生产。《夏小正》相传是夏代的历法，可以说是人类最早的历书了。

物候的变化与自然环境的变迁一次又一次重复地印入人们的脑海，天象的循环变化同样留给人们以深刻的印象。它们之间的相依关系无疑将被人们所逐渐了解，观察日月星辰的运动变化来预告一年中不同季节的到来成了很自然的事。

如果你的屋子大门朝南，那么每天中午你去观察太阳的影子。到夏至这一天，太阳只能照到门槛上。这是因为夏天太阳直射北半球、影子很短的缘故。以后太阳慢慢地斜射了，到了中秋节前后，太阳能够照进半间屋子。再以后太阳更斜了。到了冬至，太阳可以一直晒到屋子的北墙。等过了冬至，太阳光又慢慢地从屋子里退出来。根据太阳光投射出来的影子长短，可以大致定出一年的季节来。

观察星星也是人们决定季节的一种方法。如果你选定一颗亮星（如织女星），在 5 月前后看它于黄昏时从东方的地平线上升起，第二天你会发现它比前一天提前出现了。当然只提前很短的时间，你可能一下子感觉不出来；但是时间一久，过了十天半月，你就会明显地感觉到织女星比过去出现得早了。到了秋天，你在黄昏时再看织女星，它已经升到天顶了。

距今 4000 多年前的夏代劳动人民，已很注意观察北斗星。那时北斗星距离北极很近，位置高，常年不隐，明亮醒目。这是由七颗亮星组成的、形状像只斗的星辰。如果每隔一个月黄昏时画下这个"斗"在天上的位置，就会发现它在天上绕着天球北极兜圈子。这种现象古人早就发现了。古书《鹖冠子》上说："斗柄东指，天下皆春；斗柄南指，天下皆夏；斗柄西指，天下皆秋；斗柄北指，天下皆冬。"这种观察北斗回转以定季节的方法在《夏小正》中也有描述。

根据观察天象变化来定四时，叫做观象授时。在没有历法的日子里观象授时是人们很长一个时期内使用的方法。

七月流火　九月授衣

《诗经》——这部最古老的民间诗歌总集，创作于公元前11世纪到公元前6世纪，反映了那个时代人们的思想感情、生活风貌和对自然现象的认识。"七月流火、九月授衣"是《诗经》中的一篇。

"火"是指天上的"大火"星。这是一颗红色的亮星，位于天蝎星座中，是夏夜美丽的星座之一。据说它的名字叫做"阏伯"。他的兄弟叫做"实沈"。虽说他们是亲兄弟，可是经常打架闹气，吵得一家人不得安宁。严峻的父亲高辛氏下令把他们分开，让他们永远不得见面。阏伯被迁往商丘，实沈被迁往大夏。后来他们都变成星星上了天。"阏伯"就是"大火"也叫商星；"实沈"就是参星，即现在冬夜的美丽星座猎户座。他们一东一西，在天球上正好相对，永远不会同时看到。唐代大诗人杜甫写的"人生不相见，动如参与商"的诗句，就是引用了这个典故。

"大火"是一颗著名显眼的星星。殷代的先民早就学会了观察它的出没来决定农时季节，并且还专门设置了二个官职，名称叫做"火正"的来负责这项工作。在殷代虽然有了粗疏的历法，但根据"大火"星的出没决定农时的老传统还继续传下来。据现代天文学理论来推算，约在4000年之前的雨水节气时，当太阳刚从西方地平线落下，"大火"星就从东方地平线上升起，人们看到这种天象就得准备春耕播种，争取这一年的好收成。而当盛夏已过，处暑节气来到时,太阳刚从西方落下,"大火"星也已过了南天,很快向西方流去,不久天气就要转凉,得准备冬衣了。《诗经》上"七月"篇中的"七月流火,九月授衣"正是描写的这一情景。

根据"大火"星在黄昏时的位置同季节之间的关系可以排出一个简单的次序表。根据它就能预告季节的变化、农事的安排,具有类似历法的性质。

月离于毕雨滂沱

在没有历法的日子里,人们总是想从各种途径得到启示。冬季的大风雪何时会袭击他们,必须事先得知以准备好燃料,及时找到庇护所;夏天的狂风暴雨会夺去他们可怜的收成,最好事前找到征兆;连绵的秋雨会使他们无法采集果实,应在阴雨到来之前尽量多摘些回来。这些与他们的生活休戚相关。在付出了巨大的代价和牺牲以后,原始人群终于在与大自然的搏斗中,总结出一些规律,来帮助自己躲过难关。

"月离于毕,俾滂沱矣",西周初年东征的战士们成年累月奔波于荒郊野外. 他们在滂沱大雨中行军,适逢满月刚刚经过毕宿不久。十五的月亮,正处于毕宿之中,这该是什么时候呢?利用简单的天文知识可以推断,此时太阳正位于毕宿的对面,即心宿附近,4000年前的秋分时刻正是这种天象,"月离于毕,雨滂沱"正是那个时代秋雨来到的写照。

"月离于箕,风扬沙",这是古人总结出来的又一条经验规律。满月在箕宿,正是4000年前春分后1个月左右,春天的大风扬起尘土,表明天气转暖,万物复新。

大自然在变换着脸色,它给人类无穷的财富,也给人们带来不测的灾难。古人为了求得自己的生存和发展,不断地在认识它,征服它,并把他们得到的知识传授给下一代。累代相继,人们在渡过了漫长的没有历法的时代之后,逐渐积累了有关年、月、日的知识,这些正是历法得以产生的基础。

历法的种类

由前面的叙述可以知道，历法是人类进入农牧业社会以后的产物。当然世界上究竟哪一个民族制订了第一部历法，现在很难考证，但从有文字以来，各个民族、各个国家都制订了自己的历法。不过，如果将古今中外所使用过的种种历法加以分析不难发现，不论这些历法如何花样翻新，就其实质来说，不外乎三种，即阴历、阳历和阴阳合历。现在分别加以介绍。

阴　历

阴历是根据月相圆缺变化的周期（即朔望月）来制订的。因为古人称月亮为太阴，所以阴历又有太阴历之称。

在朔望月一节中已经指出，一个朔望月的平均长度大约是 29.5306 日（相当于 29 日 12 小时 44 分 3 秒），这样一个复杂的数字用起来当然很不方便。为了简化问题而且适用，就必须使历法的每个月（称为历月）只包含整数的天数。那么接近 29.5306 日的整数，显然只有 9 和 30。如果取 29H 为 1 个月，它将短于朔望月大约半天，在使用过程中必然产生这样的弊病，即朔的时刻（即新月）每月逐渐推迟；而如果取 30 日为历月的长度，它又比朔月大约长了半天，在使用过程中又会出现朔的时刻逐月提前的情形，时间长了还会出现一个月的月初和月末都是朔的错乱现象。为了使历月的平均长度等于朔望月的长度，而且还要使历月只包含整天数，古代的编历家们便在历法中交替采用四日和 30 日作为历月的长度。这方法实在巧妙，它既避免了繁琐，又保证了朔必发生在每月的初一。

历月的长短问题算是解决了，历年（即历法上采用的年长）是历法家必须要解决的第二个问题。历法家们自然会考虑到历年长度应尽量接近回归年的长度，因为这样才能比较真实地反映春、夏、秋、冬四季的变化。根据这个原则，经过反复观测发现，12 个朔望月累加起来的天数最接近回归年的天数，请看事实：

29.5（日）×11 = 324.5（日）比回归年约少 41 天。

29.5（日）×12 = 354（日）比回归年约少 11 天。

29.5（日）×13 = 383.5（日）比回归年约多 18 天。

这样，编历家们就将阴历的历年定为 12 个月，其中 6 个大月。（每月 30 日）6 个小月（每月 29 日），共计 354 日。但是，还有问题，因为朔望月的实际长度为 29.5306 日，而阴历年的实际长度为 29.5306（日）×12 = 354.3671（日），这个数字与 354 日相差 0.3671，所以实际使用时，每过 3 年新月（即朔）又不在初一了。为了克服这种现象，就把第 3 年 12 月的 29 日改为 30 日，并称这一年为闰年。闰年有 7 个大月，5 个小月，共计 355 日。

阴历作为一种历法，由于它与农业生产和人们的日常生活不相协调，所以当今世界上除了几个伊斯兰国家，因为宗教上的原因仍然使用外，其他国家一般已经废弃不用了。当然从历史发展的观点来看，阴历还是有其特点的。比如阴历的基本周期——朔望月，是月相变化的周期。阴历的日期表示着一定的月相：即初一是朔（新月）；十五、十六是满月（望）；初七、八是上弦月；二十二、二十三是下弦月等等，这对于古人凭借月相判断日期是很方便的。

阳　历

阳历是按照太阳的运动来编算的，它的基本周期是回归年。这就是说阳历的一年以回归年为依据，但又不是简单地取回归年的长度为阳历年的长度。为什么呢？因为一个回归年的长度是 365.2422 日（即相当于 365 日 5 小时 48 分 46 秒），如果直接把它作为阳历的历年长度，就会发生如下现象：比如 1979 年从 1 月 1 日半夜零时开始，到了 1981 年就不是从 1 月 1 日半夜零时开始了，而是推迟了 5 小时 48 分 46 秒，即 1980 年是从 1 月 1 日早上 5 时 48 分 46 秒开始了。到了 1981 年将是从 1 月 1 日上午 11 时 37 分 32 秒开始。依此类推，连连累加，使用起来很不方便。为了简便适用，制历家们只取回归年的整天数（即 365 日）为历年的长度，并称为平年。可能读者会发问，那 5 小时 48 分 46 秒就弃而不要了吗？当然不是，历年多余的 5 小时 48 分 46 秒，累积四年就是 23 小时 15 分 4 秒，几乎等于 1 天了，因此就做了 1 条规定，即每经过 4 年要多算 1 天，这 1 年共计为 366 日，并称为闰年。4 年增加 1 天还有问题，就是它又比回归年的实际长度多算了 44 分 56 秒。这个数字初看起来很小，但不要忘记"积少成多"这句名言，只要具体一算就会发现，积 400 年就要差 3 日呢！显然这样大的误差不容忽视。编历家们经过周密思考，一丝不苟地计算之后，想出了第 2 条措施：每满 100 年少闰 1 次，到第枷年再闰。这样规定之后，每 400 年中总共有 97 个闰年，历年的平均长度为 365 日 5 时 49 分 12 秒，与回归年之长仅有 26 秒的差误，累积 3300 年才差 1 日，可见精度是很高的了。

话说至此读者可能又会发问，又是 4 年一闰，又是 400 年置 97 闰，怎么知道哪一年是平年，哪一年是闰年呢？这个问题容易解决。具体说来就是，凡是公元年数能被 4 除尽的年（如 1964、1972、1980 年）就都是闰年，不能被 4 除尽的年（如 1979、1981、1983 年）都是平年。但是遇到世纪的年，能被 400 除尽的年（如 1600、2000、2400 年）才是闰年，不能被 400 除尽的年（如 1700、1800、1900 年）仍为平年。

以上讲的是阳历的历年。阳历的历月又是如何确定的呢？

阳历的历月数，大家都知道是 12 个月，但这种取法与朔望月毫无瓜葛，它只是承袭了阴历的办法也把一年分成 12 个月罢了。按平均分配的办法，历月长度应该为（365.2422 ÷ 12 =）30.4368 天。为了避免小数，阳历的历月也分大月和小月，大月 31 天，小月 30 天，平年 7 个大月，5 个小月；闰年 6 个大月、6 个小月。也许你已经注意到了，现在国际通用的公历的历月是：1、3、5、7、8、10、12 月是大月 31 天；4、6、9、11 月是小月 30 天；唯独二月份平年 28 天，闰年 29 天。这种参差不齐的安排难道其中有什么奥妙吗？尤其是 2 月为什么又是如此特殊呢？要将这个问题说清楚话可就长了，因为它涉及阳历的由来。

现在国际通用的公历（即阳历）起源于古罗马。据说古罗马最先使用的历法，分 1 年为 10 个月，共计 304 天，后来由于受希腊历法的影响，才将 10 个月增为 12 个月，全年 354 天，比回归年短 11 天多。为了消除差数，使历法的日期和节令符合，规定每两年增加 1 个月，称为闰月，闰月只有 22 天或 23 天，将它安插在合适的地方。但是罗马帝国的统治阶级——僧侣却滥施权力，随心所欲地安插闰月，结果使得历法极端混乱，甚至寒暑颠倒，四时无序，所以有人曾幽默地讽刺说："罗马人常打胜仗，但不知道胜仗是在哪一天打的。"这种不堪设想的混乱局面一直到公元前 46 年才结束，这年罗马执政官（即最高统治者）儒略·恺撒宣布了新历。

儒略·恺撒在埃及天文学家索西琴尼的帮助下制订了新历。新历完全不考虑月亮的圆缺变化，只以地球围绕太阳的运转周期为准则，所以它已经是一部纯粹的阳历了。由于新历是儒略·恺撒颁发的，故又称新历为"儒略历"。

儒略历规定全年分 12 个月，共计 365 天。每 4 年一闰，每个月逢单为大月 31 天，逢双为小月 30 天，这样全年就不是姬天而是 366 天了，需要去掉 1 天。应该从哪个月中去掉 1 天呢？据说古罗马时代，被判处死刑的人一律在二月份处决，所以人们认为这是一个令人不愉快的月，希望它快快过去，这样就从 2 月中减去了 1 天，于是 2 月就只有 9 天了，只有闰年才是 30 天。至于 2 月份变为 28 天则还有一段故事。

据传说，儒略·恺撒的生日在 7 月份，而 7 月份又是大月，所以他常常以此而引为自豪，并夸耀自己的非凡。不料儒略·恺撒在改历后 1 年便遭暗算一命呜呼了。他的侄子屋大维于公元前 27 年继位后，一跃而成了罗马的最高统治者，并享有奥古斯都的盛名（奥古斯都是"神圣"的意思，这是当时罗马人对他的尊称）。不幸的是，儒略·恺撒规定的"每隔 3 年一闰"的法则，被僧侣们误解为"3 年一闰"了，这样从公元前 42 年置闰到公元前 9 年再闰的时候，竟已经置了闰年 12 次之多。比原规定多了 3 个闰年。令人庆幸的是，此时的奥古斯都如梦初醒，发觉现行闰法是对儒略历的误解，于是他果断地宣布，从公元前 8 年到公元后 4 年不再置闰。从公元后 8 年重新施行儒略·恺撒"每隔 3 年一闰"的科学规定。从这一点来看，奥古斯都是拨乱反正了。但他却以此居功自傲，忘乎所以，竟滥用权力又从 2 月份拿出 1 天，加在他的出生月 8 月上，并洋洋得意表示自己有至高无上的尊严，可以与儒略·恺撒媲美了。从此 8 月就成了 31 天，2 月则变成了 28 天，逢闰年也只有 29 天。又由于 8 月改成了大月，所以干脆从 8 月开始逢双都为大月，逢单都为小月了。

"儒略历"的平均历年长度是 365 天 6 小时（即 365.25 天），比回归年长 11 分 14 秒，400 年就多出 3 天多，可见"儒略历"还需要进一步完善。到了公元 1582 年罗马教皇格里高利十三世颁发了改革历法的命令，命令有两条措施：（1）把 1582 年 10 月 5 日改为 10 月 15 日。（2）那些世纪年号不能被 400 除尽的年（如 1700、1800 年）不再算作闰年。只有世纪年号能被 400 除尽的年才算闰年，如 1600、2000 年都是。

这两条规定十分重要。第一，"儒略历"施行后，在公元 325 年曾规定 3 月 21 日为春分日，但到公元 1582 年格里高利颁布新历时，春分日实际上已经赶到 3 月 11 日了，与规定差了 10 天，就是说在从公元 325 年到公元 1582 年的 1257 年间，儒略历的节气和实际节气脱节了 10 天。新历的第一条措施便消除了这一矛盾。把春分日重新回复到了公元 325 年规定的 3 月 21 日。第二，新历的第二条措施把"儒略历"400 年中置 100 个闰年的规定，改为 400 年中 97 闰年，这样新历的平均年长是（〔365×400＋97〕÷400＝）365.2425 日，比回归年仅长 0.0003 日（即 26 秒）。可见新历经过 3300 多年才有一日的误差，新历与"儒略历"相比当然又有了长足的进步。这新历叫"格里历"。由于它很精确，所以逐渐被世界各国所采用，因而"格里历"就是现在世界通用的"公历"，习惯上也叫"阳历"。我国于辛亥革命以后的 1912 年使用公历，其他一些国家采用公历的时间如表 4 所示；

在介绍公历由来的过程中，读者可能产生一个疑问，即公历是在公元 1582 年由格里高利宣布实行的，那么公历纪元的"公元"是如何确定的呢？

纪元就是记载年代的起始点，在不同的年代，不同的国家有不同的纪年法。我国古代采用的是所谓"王位纪年法"，即某个皇帝即位的那 1 年为第 1 年，以后为第 2 年，第 3 年……当更换了皇帝之后，纪年又重新开始。例如清代康熙于公元 1662 年登上了皇帝宝座，所以公元 1662 年即称康熙元年，公元 1663 年为康熙二年，依此类推。在西欧古罗马帝国控制的地区内，或用与我国古代类似的纪年法（它似罗马统治者狄奥克列颠称帝时为纪年的开始），或用"罗马建国"作为纪年的开始（罗马何时建国很难考证）。公元 1 世纪的时候，欧洲地区兴起了基督教，其势力和影响与日俱增，在所谓"罗马建国"后 1284 年，有一位很有才华的基督教僧侣——狄奥尼西，他提出基督教徒不应该用"异邦"的纪年法，必须改由"基督诞生"的那 1 年算起。据他称（当然是编造）基督是在距当时 532 年以前诞生的，所以下 1 年应该是基督诞生后的 533 年。这种新的纪年法最初在教会中使用，到了 15 世纪中叶，在教皇发布的文告中就已经普遍采用了。当 1582 年格里高利颁发新历的时候，这种纪年法已经沿用成习了，因此现在世界通用的公元纪年是从公元 532 年开始的，而不是从公元第 1 年开始的。公元元年相当于我国汉平帝元始元年（辛酉年）。

至于公历的年首，则是人为的。地球绕太阳旋转是一圈又一圈，没有开头与结尾的，人们特意规定一个起点，来作为年首。按照古代的习惯，选取冬至（太阳正午高度最低的一天）后 10 天作为元旦（1 月 1 日）。后来就沿用下来了。

阴阳合历

在报纸的刊头上和日历上，除了注明公历的年、月、日、星期几外，还注有农历的年、月、日、节气等等，这里的农历就是这一节要谈的阴阳合历。

我国上自秦、汉以前，下至清代末年，仅名家历法就有 100 余种，它们都属于阴阳合历。据说我们的祖先远在夏代（公元前 17 世纪以前）就使用了这种历法，所以人们又称它为"夏历"。解放后还仍然叫做"夏历"，1970 年以后我国报刊上改称为"农历"。至于"农历"一名的由来，大概是由于我国自古就是以农立国，制订历法必须为农业服务的原因吧。

众所周知，阴历的基本周期是朔望月，阳历的基本周期是回归年。而阴阳合历，顾名思义是兼顾阳历和阴历的一种历法。进一步说，阴阳合历把月亮绕地球运转一周的时间（即朔望月）作为一个月，它又把地球围绕太阳运转一周的时间（即回归年）作为一年。这种历法的独到之处在于，历月，的日期代表着一定的月相，比如初一必为朔，满月则正当月中；另一方面它又与春、夏、秋、冬四季相协调。但是制订阴阳合历的最大困难在于，朔望月和回归年没有公约数，所以一年安排几个月最为合理，就成了编历家们迫切要解决的一个问题了。

农历的历年长度以回归年为准，但1个回归年是365.2422日，它比12个朔望月多11天左右（29.5306天×12＝354.3672天）。如果每年都是12个月，累积下去就会发生错乱现象，比如1980年春节在2月份，16年之后的1996年的春节就赶在8月份了，这是多么不方便呀！古人在实践中想到，1年大约差11天，3年就是33天，于是就规定每过3年多加1个月，这样的年称为闰年。这样虽然在解决问题的道路上前进了一大步，但问题并没有得到彻底解决。我们的祖先在漫长的岁月里，经过精心观测和周密计算，至迟到春秋战国时代就发现了"十九年七闰法"，即在19个年中设置7个闰年（闰年每年13个月），其余12个年头为平年（每年12个月）。采用了这个巧妙的办法之后，19个历年和19个回归年的长度就相差无几了。请看具体计算：

1个朔望月＝29.5306（日）

12×19＋7＝235（个朔望月）

235个朔望月＝29.5306×235＝6939.69（日）

1个回归年＝365.2422（日）

19个回归年＝365.2422×19＝6939.60（日）

计算结果表明，19个回归年和235个朔望月的天数仅有0.09天之差（合2小时9分36秒）。显而易见，这一发现在我国历法史上是一次意义重大的飞跃！它使得阴历和阳历比较好地调和起来了，同时历的季节月令和实际天时也基本符合了。顺便指出，这一规律首先为我国古代天文学家所发现，当希腊发现这一周期时，我国已经成功地运用了 160 年之久。

南北朝时期，我国杰出的数学家、天文学家祖冲之，于大明六年（公元 462 年）制订了颇有革新的"大明历"，大明历创立了比"19 年 7 闰"更为精确的"391 年 144 闰"的方法，即在 391 年中设置 144 个闰年。

在介绍"农历"的时候，有一点应该提醒，即平时有人称农历为阴历是错误的。3 种历法的原理到此已经都介绍完了。我们再回顾一下，阴历仅仅与月亮的运动相关，而农历是兼顾了阳历和阴历的基本特点，它与阴历既有相同之处，又有原则差别，所以不能称农历为阴历。至于农历有旧历之称，大概是相对于公历而言。因为我国自古以来就采用农历，而辛亥革命以后于 1912 年开始采用公历，于是人们习惯地称公历为"新历"，相形之下农历自然就有旧历之称了，可见新历与旧历之称只是习惯而已。

由上所述可知，阴阳合历的成功之处在于巧妙地设置闰月，但是为什么有时闰三月，有时闰五月，又有时闰八月呢？这是一个与二十四节气息息相关的问题。

天文与历法

直立的竿子与日历

在平地上垂直插好一根竿子，请你猜猜看它是用来做什么的？当然，可以用它拴绳子晒衣服，也可以挂黑板写通知。但是，我们却有一个非常特别的用处，就是用它来测影子！

测影子是怎么一回事，一说就明白。在我国大部分地区，每当晴天中午的时候，各种物体都有一个向正北投下的阴影。当然这对于竿子也不例外，它也有一条清晰的影子留在地面上。如果这根竿子长年不动，你又经常在中午时候去看影子，那么你一定会发现，竿影的长度一年四季总在变化：夏天很短；冬天很长。如果观察得更仔细些，你还会发现，夏天总有一天竿影最短，而冬天总有一天竿影最长。这两天，我们祖先早给它们起了一个名字，叫做"日至"。关于日至的记载在甲骨文中就已经有了。到了春秋时期，用这种测影方法决定"日至"已经很普遍了。那时的一本名叫《周礼》的古书中说："以土圭之法，测土深，正日景，以求地中。日南，则景短多暑；日北，则景长多寒。"这里所说的"土圭"，就是用玉刻成的一把尺子，把它放在地平面上可以量出竿影的长短。这里的"景"就是现在的"影"字。这段文字的大意是：用土圭来量测中午时的日影，可以定出大地的中心。暑天日影短而日在南，寒天日影长而日在北。这样古时又把日至分为两个：一个叫日南至或夏至；一个叫日北至或冬至。但是，夏至和冬至究竟发生在哪一天呢？另一本反映春秋时代的古书《周髀算经》上说得很明白："周髀长八尺，夏至日晷一尺六寸，……冬至日晷丈三尺五寸。"这里的"周髀"，就是前面说的竿子或柱子；"晷"就是日影。这个柱子立在河南省登封县境内，至今仍有它的遗迹。这段话的意思是说，立一个8尺长的竿子，如果有一天中午的竿影长1尺6寸，则这一天就是夏至；若影长是1丈3尺5寸，则这一天就是冬至。就是用了这个简单而科学的方法，我们的祖先很早就知道了"年"的长度——从夏至到夏至或从冬至到冬至。

在记载我国上古时代历史的《尚书》中有一句话："期三百有六旬有六日，以闰月定四时成岁"。这说明在上古时一年的长度就定为366天了。后来到《周髀算经》时，又有了新的认识。书中一段记载说："于是三百六十五日，南极影长，明日反短，以岁终日影反长，故知之，三百六十五者三，三百六十六日者一。故知一岁三百六十五日四分之一，岁终也。"这是说，用周髀测影法决定1年的长度，在连续4年的观测中，有3年的年长为365天，而有1年的年长为366天。因此平均起来，年的长度为365又四分之一天。这个数字在历法中有着极其重要的地位，我们在以后的介绍中要经常提到它。

"年"的概念的建立使人类在计时方面跃进了决定性的一步，在"月"的基础上又出现了更长的计时单位"年"。至此，制历的基本要素——年、月、日——都已齐备，各种历法也就是在这种条件下发展起来，日臻精密。

随着时代的进步，原始的土圭被代之以更精美更科学的天文测量仪器——"圭表"。这种仪器由两部分组成：一个垂直的铜柱或石柱，叫做"表"；另一个平放的铜尺或石尺，叫做"圭"。把圭尺置于南北方向上，圭尺南端装上垂直的表，就可以用它借测影法定出一年四季和节气的发生时刻。秦汉以来，我国历代都制作过这种圭表。至今保存下来的尚有两架：一架是明代正统二年（公元1437年）制造的，现存放在南京紫金山天文台；另一架是在江苏出土的东汉时期的小铜圭表，表和圭以轴相连，用时把表竖起，不用时放平，全长只有34.5厘米，携带很方便，是一件很珍贵的古代文物。

假想的天球

从现代天文学的角度来看，年、月、日的本质是什么？对古人已观测到的天象又如何解释？

在晴朗的夜晚，当我们仰望那布满星辰的夜空时，总会感到似乎有一个巨大的半球罩在我们的头上。而当你较仔细地观察星空的变化时，你会发现整个星空像绕着一根无形的轴在无声地转动着。长期的观察和实践使人们产生，一个概念，即以观测者为球心，以非常长的半径做个球，那么观测者所看到的星空变化等情况就都能得到较好的解释。这个假想的球就叫做天球。恒星都固定在天球的球面上，随天球从东向西转，这就说明了星辰的东升西落。但是也有的星看起来整夜都不转动，如北极星，这是因为它正好位于天球的北极点上，天球的旋转轴正好穿过它。这样有了天球的概念，就方便多了。其实现在我们知道，这个假想的天球的转动不过是地球自转的反映罢了。地球每天绕着地轴由西向东转动。相对来说，如果观测者以为自己不动，那就必然看到地球周围的星辰相反地由东向西转动，因而也就产生了天球由东向西转动的概念。根据这个道理，我们容易明白，天球的转动轴实质上就是地球自转轴的延伸，而天球的赤道也就是地球赤道面和天球面相交的一个大圆。

天球与真太阳日

现在，我们看看对于某个地点的观测者天球周日旋转的情况。把通过某地点的垂线向上下两方无延长，它与天两点。其中有一点叫做天顶点，另一点叫做天底点。把通过某个地点的地平面无限延长，与天球相交成一个大圆，这个大圆就叫做真地平。通过的大圆又和真地平相交。这个大圆叫做天子午圈；这个点叫做南点，另一个点叫做北点。天赤道圈和真地平也交于两点。一点叫做东点，另一点叫做西点。现在我们可以明白，如果点的观测者认为自己不动，那就意味着天顶点，真地平和东、西、南、北四点都不动。这时，讨论天球的旋转，就意味着天球绕轴由东向西相对于这些不动点、圈做旋转。假设有一个星正好位于天赤道上，那么由于天球周日旋转，它将在东点升出地面，然后逐渐升高。当它通过天子午圈时高度最大，这在天文学上叫做上中天。上中天后，它逐渐西落，直到西点处没入地面。如果另一星不在赤道上，则它周日运动的路径是小圆。虽然也是东升西落，但它的出升不在东点，而在另一点；降落也不在西点而在另一点。

和日历有关的是太阳的周日运动。太阳上中天时就是正午。太阳连续两次上中天的时间间隔，在天文学上叫做真太阳日，这就是我们通常说的一天。在我国古代，又把一天分成100刻，以便于更精确地计量时间。那时有一种测量真太阳时的仪器，叫做日晷，是用太阳影子的方位来决定时刻的。这种仪器现在在北京中国历史博物馆内还珍藏着一个。据初步考证，那是西汉初年的遗物，距今已经有20000多年了。

太阳的周年视运动和回归年

仔细观察太阳的视运动情况，古代劳动人民早就发现每天正午太阳在地面上的高度在变化，通过圭表测影能很精确地把这种变化测量出莱。这在前面已经介绍过了。另外一个引起人们注意的现象是："如果每天晚上同一时刻去观察南方子午圈附近的星宿，过了一两个月以后会容易发现，原在南方的星宿已经移到西方天空，而在东方的星宿也移到南方了。"随着星空的变化，季节也在明显地变化着，这说明这两者间有着密切的联系，有着共同的起因。

把这两种现象联系起来分析，人们发现太阳除了有每天东升西落的周日视运动外，它还有一种在恒星背景上的运动。经过一定时间，它在众星中绕行一圈又回到原来起始的位置。反映在天球上，太阳的这种运动是在天球上画了一个大圆，这个大圆叫做黄道。黄道和赤道相交两点。一点叫做春分点，另一点叫做秋分点。这两点间的中点叫做夏至点，叫做冬至点。太阳在黄道上的运动就叫做太阳的周年视运动。如果以夏至点为起算点，本阳绕黄道一圈又回到了点的时间间隔就称为回归年。据现代天文测量，一个回归年等于365.2422日。

太阳在黄道上运动，每年在公历3月21日左右通过冬至点由天球南半球到北半球，此时地球上昼夜相等，即春分。在6月22日左右，太阳到达夏至点，此时地球上北半球中午的太阳高度最大，白昼最长，也就是圭表日影最短的日子。在 9 月 23 日左右，太阳通过夏至点，由天球北半球进入南半球，昼夜再次相等，即秋分。在 12 月 22 日左右，太阳到达冬至点。

其实太阳的周年视运动不过是地球周年运动的反映而已。地球围绕太阳作公转运动，一个回归年绕行一圈。地球轨道面向外扩展和天球相交的大圆就是黄道。由天文学知道，黄道面和赤道面的夹角是 23 度 27 分。此时地球北半球中午的太阳高度最低，白昼最短，也就是圭表日影最长的日子。这样，随着太阳在黄道上的位置不同，地球上的季节也由春到夏，以至秋冬。如此寒来暑往，循环不已。

地球上观测者所看到的太阳在黄道上的运动，正是地球在相反的方向上作运动的结果。例如，地球在轨道上某一点时，相对应地太阳的视位置在黄道上的某一点；而当地球运动到另一点时，太阳的视位置移动到另一点。

地球并不是一个正圆球体，而是一个在赤道部分稍稍有些鼓起的扁球体。因此，太阳、月亮等对地球引力作用的结果，会使地球自转轴（因而赤道面）每年都有微小的变动，这种现象叫做岁差。由于岁差，春分点的位置每年也有微小的移动，所以岁差对计算太阳在黄道上的运动电有微小的影响。我国晋代天文家虞喜首先发现了这个现象，为提高我国历法的精度做出了可贵的贡献。

我国古代的天文学家，是把冬至作为一年的起算点。可见只有准确地测定出冬至的时刻，才可能准确地预报季节的更替和循环。因此测定准确的冬至时刻，是我国古代制历家的重大课题。现有的史料表明，我国最早的冬至时刻的测定记录，是在春秋时代的鲁僖公五年（公元前 655 年）和昭公二十年（公元前 522 年）。

此处读者可能会说，连续两次测定冬至时刻，不就得出回归年长了吗？我们说，说来容易做来难。这是因为，古人用圭表可以直接测得冬至日，因为冬至这一天正午表，影的长度，比一年中任伺一天正午表影的长度都要长（我国古代称这一天为日南至）。但是每次太阳到达冬至的时刻并不一定正好是在正午。古人为了得到比较准确的冬至时刻，是采取连续测量若干年冬至日正午的影长，一旦确定了两个冬至时刻之后，再用这两个冬至时刻之间的年数去除它的，总日数，就得到了一个回归年的长度（日数）。

春秋末年（公元前 5 世纪），我国开始使用的《四分历》，其回归年长（我国古代称为岁实）定为 $365\frac{1}{4}$ 日，即 365.25 日。也许有人会说，不是应该先测量朔望月的长度，然后将 12 个朔望月加起来，就是一个回归年的长度吗？我们说，否。因为那又回到纯阴历上去了。阴阳合历的回归年和朔望月长度的测定顺序恰恰相反，它是先测定回归年长，而后再去推求朔望月的长度。具体地说，朔望月长度的推算是这样的，我国最迟在春秋时代就发现了 19 年 7 闰的规律。就是说，在 19 年中要设置 7 个闰月，使得历法和季节变化相协调。如此说来，《四分历》的朔望月长度是这样算得：

$365.25 \times 19 = 6939.75$（日）

$12 \times 19 + 7 = 235$（月）

$6939.75 \div 235 = 29.530851$（日）

岁实 365.25 日、朔望月 29.530851 日，现在看来很容易算得，但在当时，尤其是岁实 365.25 这个数据，是世界上最精密的数据。因此，我们可以实事求是地说，《四分历》的创制是一项具有世界意义的大事！

《四分历》定岁实为 365.25 日，虽然较为精确，但与当时实际的岁实 365.2423 相比，毕竟大了 0.0077 日，这个误差看起来不算大，但请不要忘了积少成多的道理，你看一年大 0.0077 日，那么 100 年就大了 0.77 日（约 18 小时四分）。这样久而久之，就必然发生历法预推的时刻要．比实际天象来得晚的现象，而且越来越显著。这种现象后来果然被制历家们发现了，但在相当长的时期内，没能认识到这一现象的实质。一直到东汉末年的刘洪才认识到这是由于《四分历》岁实太大的缘故。所以，在他制订的《乾象历》中，首次将岁实减小为 $365\frac{145}{598}$，即 365.246180 日（相应的朔望月长为 29.53054 日）。这样我国古代历法的精度又提高了一步。

《乾象历》比《四分历》的精度确是提高了，但刘洪测定冬至时刻的方法，可能还是沿用了传统的方法。显然要想进一步提高历法的精度，必须从测量方法上加以改进。古人果然想到了这一点。首先这样做的，当推南北朝时期的祖冲之。他的方法是：不直接用圭表测量冬至日正午的太阳影长，而是测量冬至日前后 20 余日太阳正午的影长，而后取其平均值，从而求出冬至的日期和时刻。祖冲之根据实测制订的《大明历》的岁实为 365.24428 日，这个精确的数值，一直到五六百年之后的宋代，才达到或超过它的水平。而在欧洲，一直到 16 世纪以前所实行的《儒略历》中，岁实的数值均采用与《四分历》相同的数值 365.25 日。

继祖冲之之后，改进测量方法的是北宋的姚舜辅。他在修订《纪元历》时，打破了历史上采用 1 组观测确定冬至时刻的传统方法，而采用 1 年多组观测，再取平均值确定冬至时刻的全新方法。由于测量方法的革新，冬至时刻以及岁实的确定越来越准确了。到了南宋杨忠辅制订《统天历》时，他首先采用了岁实 365.2425 日这个极为精确的数值。元代郭守敬等人在制定《授时历》时，根据实测肯定了岁实 365.2425 日为历史上最精确的数值。现今世界通用的阳历——格里历的岁实也是 365.2425 日，但它与《统天历》相比，大约晚了 400 年。

我国古代制历家们，从不满足于前人的成就，总是力求有所发现、有所前进。正是在这种严谨的治学态度激励下，明代末年的邢云路，进一步改进圭表，精心实测。艰苦的劳动终于结出了丰硕之果。他测得的岁实为365.24219 日，这和用现代理论推算的数值 365.242217 相比，仅仅小 0.000027 日，即一年大约才相差 2.3 秒。而在欧洲，丹麦天文学家第谷于1588 年测定的最精确的岁实为 365.2421875 日，其误差 1 年大约为 3.1 秒。

从以上的介绍可以知道，我国古代制历家在测定冬至时刻、推求岁实方面，做出了卓越的贡献。

月亮的视运动和朔望月

我们在前面已经谈过月亮的盈亏，天文学上把这种盈亏现象叫做月相变化。现在我们都知道，月球本身是不发光的，它只是反射来自太阳的光。早在东汉时期，我国著名的天文家张衡在他的著作《灵宪》中就明确地说明了这一点："月光出于日之所照，魄生于日之所蔽，当日则光盈，就日则光尽也。"意思是，月光来自日光的照射，对着太阳时月亮就全发光，而为满月；背着太阳时月亮就不发光，不见。明白了这个道理，月相的变化就很容易说明了。太阳光从右方射来，中间 E 代表地球，围绕地球的是在轨道上不同位置的月球，最外面一圈画出了地球上观测者所看到的月相。我们看到，在望时，地面观测者所看到的正是月球朝着太阳的一面；而在朔时，看到的是月球背着太阳的一面。从朔到朔，或从望到望，时间间隔为 29.53059 天，这个长度叫做一个朔望月。朔望月是农历中最基本的周期之一，因各个时代观测精度的不同，在制历中各用稍有不同的近似值。

月亮绕地球旋转的轨道不是一个正圆，而是一个较明显的椭圆。离地球最近的一点叫近地点，和它正相对的离地球最远的一点叫远地点。在近地点附近，月亮在轨道上运动较快，而在远地点附近，运动较慢。因此月亮的运动不是均匀的。我国东汉时期的天文家刘洪，根据他长期辛勤的观测，首先发现了"月行迟疾"的运动不均匀现象，为后来的历法改革打下了坚实的科学基础。

我国的农历是以朔望月作为记月的一个基本单位（朔望月是指连续两次朔或望之间的时间间隔）。所以我国古代制历家们都十分重视对月亮运动的观测和研究。春秋末期使用的《四分历》。所采用的朔望月长（古称朔策）是 29.530851 日，这与现代测定值 29.530588 日相比，误差仅为 0.000263 日。在隋代以前的制历家们一直以朔望月的长度来推算、安排各月的历日。每个月的第一天叫作朔日。但由于朔望月的长度不是整天数，而是比 29.5 日稍大，所以就采取大月 30 日、小月 29 日，一个大月一个小月相间排列的方法。这样大月比朔望月的实际日数多了半天，小月就少了半天，但两者并不能相互抵消，所以大约每隔 17 个月就安排一个连大月来加以调整。

古人在观测和研究月亮的实践中，发现一个朔望月并不等于月行一周天。在《淮南子·天文训》中就明确记载有"日行一度，月行十三度又十九分之七"。由此不难算出，月行一周天需要 $365.25 \div 13\frac{1}{19} = 27.321850$ 日。这说明我国很早就有了恒星月的概念。当然推求恒星月并不是古代制历家们的目的，他们所需要的是月亮的每日运行的度数，有了这个数值以便用来推算月亮在恒星间的经度位置。

我们知道，月亮绕地球运行的轨道与地球绕太阳运行的轨道一样，都是椭圆形的，所以月亮过近地点时，运行速度最快；相反，在过远地点时运行速度最慢。我们将月亮从近地点出发，运行一周又回到近地点的时间间隔，叫做一个近点月。战国时代的石申大概已经认识到了月亮运动的不均匀性，可惜记载简略，不足为证。东汉的李梵、苏统等人明确地指出了月亮运行速度有快慢的变化。贾逵不仅认识到了月亮运行的不均匀性，而且指出这是由于月道有远近造成的。他又进一步指出，这个近道点（即近地点）经过一个月（即近点月）向前移行了三度。九年之后，这个点移行一周又回到了原来的地方。

后来的刘洪进一步研究了月行快慢的规律性，并在他制订的《乾象历》中首次加以考虑。按《乾象历》的算法，近点月数值 27.554629 日，这与近代的测算值 27.554550 日相比，误差仅为 0.000079 日。此后，历代多数制历家都较为重视近点月数值的测定，并取得了越来越精密的数值，其中以隋张胄玄制订的《大业历》的数值 27.554552 日最为精密。

古人对月行快慢的研究和计算，其主要目的是为了推算日月食发生的时刻和位置，而这项工作又促使古人对交点月（月亮从黄、白道的升或降交点起，运行一周又回到相应的位置所需要的时间，称为一个交点月）进行精细的研究和计算。祖冲之在他制定的《大明历》中，第一个求得交点月的数值是 27.21221 日，与今测值 27.21222 日相比，仅差 0.00001 日。以后的历法家们所推求的数值无不达到了很高的精度。

张子信发现了太阳运动的不均匀性之后，为进一步研究定朔提供了有利条件。从隋代的刘焯、张胄玄开始，在制订历法推求定朔时刻时，将日行和月行的不均匀性同时加以考虑，这在中国历法改革史上是值得庆幸的重大进步。

南北朝时期的何承天，在他制订《元嘉历》时，首先倡议用定朔安排历日。可惜由于传统的守旧势力的反对而未能实现。唐初傅仁均制订的《戊寅元历》虽然开创了使用定朔法的先例，但终因守旧势力的顽强反对，致使半途而废。直到半个世纪之后，李淳风制订《麟德历》时，才最终战胜了守旧派，名正言顺地采用定朔法安排历日。

尤其难能可贵的是，刘焯在推算定朔的时候创立了等间距二次差的内插法公式，使古代数学的先进成就在制订历法中得到了实际应用。到唐代的僧一行又有了新的进展，他采用了不等间距二次差的内插法公式来计算定朔，这无疑又进一步提高了精度。元代的郭守敬继前人之后更进而创立了平立定三次差的内插法公式，从而把我国古代的天文历法成就推向了一个新的高峰！在前面的叙述中，我们多次使用了"定朔"一词，而且采用定朔是我国古代制历史上的一个进步。那么什么叫"定朔"呢？我们说，"定朔"是相对于"平朔"而言的。因此要介绍定朔需要从平朔说起。由上面的介绍读者已经知道，由于近点月和朔望月的长度是不相等的，所以月亮圆缺一次所需要的时间也是不相等的。这样古代所推算的朔望月日数，只是月相变化一周的一个平均数。以这个平均化的朔望月长度所求得的合朔时刻就叫作"平朔"。当把月亮和太阳运动的不均匀性考虑进去，从它们的实际运动出发所求得的合朔时刻就叫作"定朔"。或者说，对平朔作月亮和太阳运动不均匀性的改正之后，所求得的合朔时刻就是定朔。

我国古代制历方面的成就，虽然不能在此作全面的详尽的介绍，但在我们所涉及的几个方面，还是作了较为系统的说明。由此不难看出，古代制历家们为了制订一部精密的历法，无不付出艰巨的劳动。俗话说"功夫不负有心人"。正由于此，我国古代的制历工作在相当长的历史时期内确实走在世界的前列，而且有一些历法还为外国所采用，从而成为中外文化交流的见证。据初步统计，仅南北朝、隋唐时期，日本就曾采用过五部中国历法。

公历的演化和发展

古罗马的日历

古罗马，在公元前 2 世纪左右成为西方的帝国，与当时的东方大帝国西汉王朝遥遥相对。现在世界通用的"公历"就起源于古罗马。然而古罗马最早用的是太阴历，而公历却是太阳历。这其间是如何演变的，我们在以下的几节里不妨来个追根寻源。

古罗马最早的历以朔望月为基础，据说是 1 年分为 10 个月，一共 304 天。到了公元前 713 年，罗马一个名叫努马的国王受到当时希腊历法的启发，在原来一年 10 个月中增加了两个月，使一年共有 12 个月。当时社会的生产力很低，人们对于自然界的认识也很缺乏，迷信思想普遍存在着。罗马人认为单数是吉利的，而双数是不祥的，因此每月所包含的天数也要是单数。在这种情况下，努马时用的历就是下面这种格式：

这个历全年的天数共计 354 天，和回归年的长度相差 11 天多。为了调整这个差额，在公元前 509 年，罗马政府规定每 4 年中增设两个月，名字叫做 Makkedonius，意思是"闰月"。这两个闰月分别加在第 2 和第 4 年的末尾：在第 2 年的 Febmarius 月后加 22 天；在第 4 年的 Februafius 月后加 23 天。这样罗马历实际上已从原来的太阴历演变成阴阳历了。上述置闰的办法一直使用到公元前 .191 年左右，仍能使历法和天时符合得较好。可是由于编制历法和置闰的权力一直操纵在僧侣阶级手中，出于他们统治的需要，后来有时竟随意增设闰月，致使罗马历法极为混乱，甚至寒暑颠倒，法国启蒙学者伏尔泰为此曾说："罗马人常打胜仗，但不知道胜仗是在哪一天打的。"这种混乱的情况直到儒略恺撒执政后才结束。

儒略·恺撒的改历

公元前 59 年，儒略·恺撒成为罗马的执政官，即最高统治者。当时历·法极度混乱，严重地影响着国家生活的正常进行。恺撒邀请了埃及天文学家索西琴尼帮助他改革历法。在公元前 46 年，他以最高统治者的名义颁布了改历的命令。命令中规定：

（1）每年设 12 个月，全年计 365 日；

（2）冬至后 10 日定为 Januarius 月的第 1 日，即每年的岁首；

（3）从下 1 年起，每隔 3 年置 1 闰年，闰年计 366 日，多出的 1 天放在 Febmarius 月后。

这个新历后来称为"儒略历"。按照这些规定，儒略历较之努马历有了很大的变动，它的具体格式如表6。

儒略历是一种纯太阳历，是以回归年作为基本周期的。它与月亮的运动没有联系，因而从根本上抛弃了原来的罗马历，彻底地解决了罗马历的混乱状态。这种历已基本上具备了现行公历所具有的很多特点，现行的公历就是在它的基础上演变来的。

你可能已经注意到，这里的 7 月的名字为 Julius，而在努马历中原来的月名为 Quintilis。这种改动是由恺撒武断决定的。他为纪念这次改历成功，树立他的统治权威，硬把他出生的月份 Quintilis 改成他自己的名字 Julius。他的这种蛮横做法开创了一个恶劣的先例。以后我们将会看到，它给历法的严整性带来莫大的破坏。

儒略·恺撒在改历后 1 年被刺身死，他所遗留下来的儒略历虽然仍在施行，但看来并不太认真。僧侣们把他规定的"每隔 3 年置 1 闰年"的规则，误解为"每 3 年置 1 闰年"。从公元前 42 年置闰开始，每 3 年中便设 1 闰年。这真是"差之毫厘，谬之千里"！到公元前 9 年置闰时，在这短短的 9 年间竟置闰了 12 次，比恺撒的规定多出了整整 3 个闰年！

不知你是否仔细地看过儒略历格式表，那里最特殊的就是 2 月份，平年为 29 天，而闰年却是 30 天，这比现在用的公历恰恰多了 1 天。由此我们才明白，"2 月 30 日"并非没有过，而只能说现在不存在了，而且我们以后会知道，如果不是由于罗马统治者个人的虚荣，"2 月 30 日"直到今天仍会出现在我们的日历上。虽然如此，历史上毕竟留下了这个日子的痕迹。它们出现在上面提到的 12 次闰年中，就是：

公元前 42 年 2 月 30 日

公元前 39 年 2 月 30 日

公元前 36 年 2 月 30 日

公元前 33 年 2 月 30 日

公元前 30 年 2 月 30 日

公元前 27 年 2 月 30 日

公元前 24 年 2 月 30 日

公元前 21 年 2 月 30 日

公元前 18 年 2 月 30 日

公元前 15 年 2 月 30 日

公元前 12 年 2 月 30 日

公元前 9 年 2 月 30 日这是历史上仅有的 12 个 "2 月 30 日"，除此而外就再也没有了。这是为什么呢？

奥古斯都改历

奥古斯都，就是"神圣"的意思，这是当时人对罗马统治者屋大维的尊称。屋大维是恺撒的侄子，他在公元前 27 年成了罗马的终身国家元首。在他的统治下，"每 3 年中 1 闰"的方法仍在施行着。直到公元前 9 年，屋大维才知道这和恺撒原来的规定完全不同，已经错误地多设了 3 次闰年。因此屋大维宣布，从公元前 8 年到公元后 4 年这 12 年间不再设置闰年，而从公元后 8 年开始按恺撒规定每隔 3 年设 1 闰年。这样从公元后 8 年起，又重新恢复了儒略历的置闰法。以后我们会看到，儒略历的置闰法是比较合理的，同实际天象符合得较好。因此从这一点来说，屋大维的改历是应该肯定的。

然而出于统治者的虚荣心理，屋大维把历法也当做他私有的物品而随意加以改动。他不甘落在他的前辈儒略·恺撒的后面，而把他自己出生的月份名 Sextilis 改成他自己的称号 Augustus，并且规定他自己这 1 个月也要有 31 天。为了保持 1 年 365 天的原初规定，他把 9 月以后的大小月全都加以对换。但是这仍然多出 1 天。按照古罗马的习惯，Februarius 月是全年最后的 1 个月，屋大维决定就在这个月中扣去 1 天。

从这个历表我们可以看出，这和现在所用的公历几乎一模一样了。然而由于奥古斯都对每月日数的无理安排，致使后人产生极大的不便，后世的历法改革者无不以此作为改革中的一个主要问题。

格里高利历——国际通用的公历

从古罗马时起，全年的第 1 天，即岁首规定在春分日，并且置于 Maius 月内。儒略·恺撒改历后，岁首放在 Jan - uarius 月的第一天，因而春分就处在 3 月这个月份中了。公元 325 年，当时欧洲的基督教国家在尼斯召开宗教大会，会上一致认为儒略历是最准的历，决定共同采用，并且根据当时的天文观测规定春分日必须在 3 月 21 日。

儒略历规定每隔 3 年一闰，4 年的总日数即为 $365 \times 4 + 1 = 1461$，平均每年的长度为 365.25 天。回归年的实测值是 365.2422 天，同儒略历平均年仅相差 0.0078 天。这个量是不大的，在短时期内可以说是很准确的。然而这个差数长时期积累下去，经过 128 年就要相差 1 天。实际上到了公元 1582 年，天文观测发现，春分日不是发生在 3 月 21 日，而是在 3 月 11 日。这说明日历和天时的相差已经有 10 天了。从尼斯会议算起到 1582 年，大约每 400 年相差 3 天。

当时的罗马是政教合一的国家，宗教的最高统治者罗马教皇有着无上的权力。这时的教皇是格里高利十三世，他召集很多学者和僧侣讨论历法改革的问题，决定采用业余天文学家利里奥的方案，每 400 年中去掉 3 次闰日。

公元1582年3月1日，格里高利颁发了改历的命令：

（1）把1582年10月4日以后的一天改成为1582年10月15日；

（2）那些世纪数不能被4整除的世纪年（1700，1800，1900等）不再算作闰年，仍算作平年。

这两条规定至为重要。第一条规定实质上就是把春分日改回固定在3月21日，解决了日历和天时不合的矛盾。第二条规定是把历法的精确度大大地提高了一步，保证这种历法在相当长的时期内也能适用。根据这项规定，400年中总共有97个闰年，总日数应为：$365 \times 400 + 97 = 146097$ 天。

因此，平均每年的长度为：$146097 \div 400 = 365.2425$ 天。这与回归年实测值365.2422天相差只有0.0003天。换句话说，要经过3300多年，这两者才有1天的相差。比起儒略历经过128年就相差1天，格里高利历显然要精密得多了。正是由于格里高利历精度很高，因此先是欧洲后是世界各国，陆续地都采用了这个历，这就是现在所通称的"公历"。

公历的回归年长度取为365.2425天，我国早在公元1199年行用的南宋"统天历"中就采用了这个数值，比公历早了380多年。

公历的纪元

时间是无头无尾的，人类要计量长时间，间隔从哪儿开始呢？这就需要在时间的某一点上作一个人为的标记，只有这样才能推算各个历史事件的准确时间。正像在坐标轴上选取原点一样。这就是所谓"历元"，历元就是开始纪年的时间。

在古代，每一种历法都有它自己的历元，每一个国家都有它自己的历元和纪年方法。历元的选取方法也各不相同，当然都是人为的、武断的。有的是根据具体的历史事件选取历元，比如古罗马，曾以罗马城建立的时间作为纪元元年；信奉回教的阿訇们曾经以"象年"来纪年，这种纪年的开始是一个极有意义的地方事件——也门的军队进攻麦加，在军队里有许多战象。还有的是以皇帝登基的日子作为历元，如我国明太祖朱元璋的年号是"洪武"，他登基那就是洪武元年。

古代的历元是相当混乱的，因此要了解某一古老民族的历史事件，需要历史学家进行认真的考证，并与我们现行的公元纪年进行正确的推算。

那么公历的历元是怎么选取的呢？这也同样是人为的、武断的，并带有宗教色彩。在公元532年，罗马教皇宣布基督诞生的那1年定为公元元年。所以公元的纪年方法并不是从儒略·恺撒下令修改日历时开始的，而是后来在把儒略历定为基督教的日历以后定出来的，即在公元532年后宣布532年前为公元元年。至于耶稣基督是在什么时候诞生的，几种说法也是互相矛盾的。甚至耶稣基督的存在也不过是一种神话而已。

这样规定的历元完全出自于宗教的需要，因为532年这个数，是闰年周期数4、朔望月周期19和星期的天数7的最小公倍数：$4 \times 9 \times 7 = 532$，这样可以保持基督教的复活节，再经过532年以后又会在同一日期、同一月相和星期序数重复出现。

公历的历元是罗马主教规定的，我国为什么也要用公历呢？

诚然，公历历元的规定带有迷信色彩，但是现在大家都已经习惯了，我们应用它，并不等于承认了它的迷信的东西。我们说公元多少年，谁还会去追究耶稣基督的事情呢？我们所关心的只是一个共同的时间起点。世界各国都把他们历史上的重要事件的时间统一折算到公元纪年上，我们也把我国历史上的重要事件统一折算到公元纪年上，大家在时间上才有共同语言。比如前面说的明太祖朱元璋登基的那年是"洪武"元年，即公元1368年。公元元年在我国刚好是汉平帝刘衎登基的那年，刘衎的年号是"元始"，公元元年正是我国汉朝的"元始"元年。

为了防止错乱，历史学家早已把"我国历代纪元表"算好，各朝各代帝王的年号和公元纪年一一对照，一目了然。

星期的由来

公历中还有一种短于月而长于日的时间划分——星期制。它以7天为周期循环纪日。

"星期"的概念体现了不同民族的文化的奇特结合。人类命运受天上星辰影响的教义最初来自巴比伦，把行星按距地球远近排列起来的数学天文学则是亚历山大时代的希腊人创造的。后来的占星家们根据人们对"7"这个神秘数字的传统迷信，创造了星期这个全新的时间单位。

从出土的古代巴比伦文物看，早在公元前 20 世纪，古巴比伦人就把 1 个朔望月用 1 日、7 日、14 日和 21 日划分为 4 个部分，每部分差不多都是 7 天。这显然是星期的雏形。

我国早在周代初年也把 1 个朔望月分成 4 等分，每等分 7 天或 8 天。从月初到月末顺次取名为：初吉，既生霸，既望和既死霸。初吉大约为初二至初八，既生霸为初九至十五，既望为十六至二十二，既死霸为二十三至初一。可惜这种纪日法没有流传下来。

随着社会生产的发展，出现城镇以后，人们需要有一个特定日子进行贸易活动，就是集市日。古希腊人在每 10 天中有一集市日，古罗马人每 8 天有集市日，古巴比伦每 7 天有一集市日。每逢集市日，人们从四面八方云集市镇，买卖物品，调节需求。

到公元 3 世纪末，基督教徒开始采用犹太人的只有数目而没有名称的 7 天一周纪日法。

以 7 天为周期划分时间，最初大概是来源于对月亮的观察。我们前面说过，月亮是夜空中最引人注目的天象。古人很早就发现朔望周期。1 个朔望月约有 29.5 天，朔时看不到月亮的时间大约为 1 天，其余 28 天中都能见到月亮。古人为了短期记日，把见月的 28 天 4 等分，似乎就是顺理成章的事了。

第 1 次给 7 天中的每 1 天以专门名称的是古巴比伦人，他们以当时所能看到的主要天体来命名它们。太阳最使人们关注，它被用来命名 7 天中的第一天；月亮次之，然后顺序是火星、水星、木星、金星和土星。只是到了这个时候，才出现今天所说的"星期"。所谓星期，顾名思义，指的是星星到来的日期。就是说，知道了某一天的代星，便可知道它是哪一天。

在东方，星期又叫"曜日"。我国古书上说："日月五星皆照天下，故谓之七曜。"曜者,耀也,照耀的意思。现代的日本、朝鲜,还完整地保留着七曜名称,他们把星期日到星期六顺次叫做:日曜日,月曜日,火曜日,水曜日,木曜日,金曜日,土曜日。

在英国,星期中各天名称没有完全因袭巴比伦人的叫法,而用他们自己信奉的神来命名:第 1 天,星期日,是太阳神日,称为 Sunday,或 Sunanday;第 2 天,星期一,月亮神日,叫作 Monday,或 Monanday;星期二,不是火星日,而变成法神日,称为 Tuesday,或 Tiwesday;星期三,不是水星日,而用主神命名,称为 Wednesday;星期四以战神朱庇特命名,称为 Thursday;星期五以北欧神话中掌管文化、艺术的最高之神奥汀(Odin)的妻子爱神弗莱格(Frigg)命名,叫做 Friday;星期六以罗马农神 Saturn 命名,并由罗马文音译得到英文中的 Saturday。

在日常生活中,1 个工作周开始于星期一,人们往往视它为星期制第 1 天;但历法却把星期日列为第 1 天。这种顺序上的矛盾渊源于宗教。早期的基督教认为,世界是上帝在 7 天之中创造的,耶稣在星期日复活,因此他们赋予星期日以特殊意义,规定在这一天举行参拜仪式,并把它列于星期之首,称为"主日"。星期日法令最早出现在公元 321 年康士坦丁大帝发布的一个公告里。该公告宣布:地方执政官、市民和工匠可以在"可尊敬的太阳日"停止劳动、得到休息。在现代社会,星期日为公休日差不多是一种公认的作息安排。虽然这种安排是人为的,没有任何特殊意义,但联系到近代史上发生于这一天的一些大的事件,星期日又引起了人们的警觉和重视。在第二次世界大战中,希特勒进攻前苏联,日本偷袭珍珠港,都选择在星期日、而且取得了战术上的成功。因此在今天这个多事的世界上,我们不能在公休日完全失去警惕!

明天的"世界历"

长期以来，科学家一直在追求更加完美的历法。作为一部好的历法，应当基本反映天体及天象规律，四季变化，以更好地为人类的生产和生活服务。它必须简单易记，同时还要有通用性，能为最大多数的国家和地区所接受。

1834年有个意大利人提出建议，每年为364日，正好52个星期。第365日为"空日"，它没有月份、星期所属。如遇闰年，则在6月底再加一个"空日"。这个方案对后人有很大启发，后来法国天文学家也提出了类似的方案，并获得了法国天文学会的奖赏。

20世纪后，一些人改历的积极性有增无减，各种各样的方案多达几十个。1910年英国伦敦还专门召开了一次国际改历会议，会后成立了国际改历委员会，负责收集、审核及公布各种新历提案。1954年7月，他们讨论了一些新历法，并提交给了联合国的有关组织。看来所提的新历都保留了格里历（公历）的框架，包括置闰的原则，只是在日期及月份的安排上各显神通而已。经过几十年的研究比较，现在公认有两种方案可供选择：一种叫"十二月世界历"，一种是"十三月世界历"。

前者的特点是：一、每年分四季，每季三个月，都为91天；二、每季的第一个月（即1、4、7、10月）为长31天的大月，其余8个月均为30天的小月；三、全年364天，第365日作为"年终国际日"，放于12月30日后边，不序月、日和星期。如遇闰年，则在6月30日与7月1日间加进一个"假日"，它同样没有月、日和星期。

这样的历很易与星期配合。每季的第一天为星期日，最后一天为星期六，而2、5、8、11月的头一天是星期三，末一天为星期四，3、6、9、12月头一天为星期五，末一天为星期六。所以一年的挂历只需三张即可。即1、4、7、

10月为一张；2、5、8、11月为第二张；第三张可包括3、6、9、12月。

"十三月世界历"的主要内容及特点是：一、一年分为13个月，每月28天，包括四个星期。二、全年52个星期，长364天，第365天放于第十三月末。逢闰年则把闰日加于6月末。这两天都不计月、日及星期。三、为提高历法精度，规定128整数倍的年份算平年，其他能被4整除的年为闰年（不管世纪年与否）。

十三月世界历有一个突出的优点：每月一样长，为四个整星期，所以每月都从星期日开始，星期六结束。这样每月的休息日，工作日都相同，一张挂历即足可包括全年所有的月份。

十三月历显然比十二月历更加匀称一致，星期也不会跨月，但是"13"在世界某些地区是个忌讳的数字，所以西方对它有些冷淡。

对这两种方案目前最大的反对者是宗教团体，尤其是犹太教和基督教，因为这两种历都会打破星期的顺序（有"空日"）。《圣经》规定："第七日，尔等不得做任何工作。"千万不可小视这个力量。根据《美国年鉴》1979年统计，仅基督教徒全世界就有9亿5千万人。

不仅如此，一般人对"空日"可能也不大能适应，那一两天将会产生许多新的问题。因此这些"世界历"将来能否为大家接受，目前下结论还为时尚早。

我国农历的演化和发展

翻开日历一看，显眼的大号字是表示公历的日期，下面还有一行小号字也表示同一天的日期，这就是我国特有的日历——农历，也称作夏历或阴历。我们已经知道了阳历的由来，那么阴历是怎么来的呢？

"月有阴晴圆缺"，月亮的圆缺，这在古代人看来，也是自然界中相当稳定的一种周期现象，所以，阴历就是以这种圆缺变化的周期来计算时间的，月亮在我国古代叫作太阴，所以由此得来的日历便叫做太阴历，即阴历。

月亮圆缺一次的时间也不是"天"的整数倍，约为29天半的时间。据现代的测量，月亮圆缺一次的时间为29.530589天，合29天12小时44分3秒。古时编排阴历时，人们是怎样确定每月的日数呢？又怎样和阳历协调起来呢？

据史料记载，人们最初采用的日历不是阳历而是阴历。当时他们已经知道，月亮圆缺一次的时间是29天半，因此规定每月的时间轮流地算作29天和30天。29天是小月，30天是大月。这种计算方法1年只有354天，这样，在1年的时间里，阳历和阴历就要相差11天。

为了消除阴历和阳历一年的时间差异，各国太阴历都有自己的一套修正方法。比如早年的回教阴历，把每年轮流算作354天和355天。这样也造成了回教阴历与阳历约11天之差，在公历的33年中，回教徒们就要过上34.个回教年。如果已经知道某一件事发生在回教年的某年、某月、某日，就可以迅速而准确地说出那一天的月相，但是那时到底是冬天还是夏天，只有经过一番复杂的计算，才能回答出来。

我国采用的阴历，实际上并不是真正的阴历，而是"阴阳历"。它既采用月相来计算日期，同时又采用闰月的方法与太阳年协调一致。

由于阴阳二历每年相差约11天，3年就相差约1个月。为了能使这种历法适应天气冷热变化的周期，于是规定每两年或 3 年增加 1 个闰月，每 19 年设置 7 个闰月。19 年为一个闰章，81 章为一统，3 统为一元，每元是 4617 年，元之后，又周而复始。

阴阳历在我国已经有 3000 多年悠久的历史了，早在中国黄帝时代，已经知道 1 年有 365.25 日，1 月是 $29\frac{499}{940}$ 日，一年有 $12\frac{7}{10}$ 月，并以此为基础，编制了我国古代六历：黄帝、颛顼、夏、殷、周、鲁。比如我国采用 19 年 7 闰的方法，要比希腊早几百年，这说明我国古代历法是很先进的。西汉末年，刘歆依据邓平的《太初历》而改的三统历，南齐祖冲之编的大明历，唐朝傅仁钧编制的戊寅元历，都是有名的阴阳历。

阴阳历经过历代历法家的整理修改，在我国一直沿用到现在。它与农业有着密切的渊源关系，我们熟知的二十四节气和许多农谚都是以它为基础的，因此人们也管它叫农历。

在世界上真正的阴历早已废止了，但在我国为了不打破传统的习惯，阴阳历一直保存下来。这就是日历上用小号字排印的农历的日子。

中国第一部完整的历法——《太阳历》

中国古历自秦汉以来共有 100 种以上。为什么历代如此频繁地改历呢？这是有其原因的。

早在周代，告朔（预告朔日）就是一种权力的象征。封建社会里颁历权是皇权的象征之一，改朝换代往往要改年号、改历法，这是政治方面的原因。

日月食同预推的不符，这是促成修改历法的另一个重要原因。在唐代检验日食预报是否准确关系到天文官的脑袋问题，真是非同小可。事实上节气相差一两天是不明显的，而日月食误差几分钟就会感觉出来。

公元前 104 年，汉都城长安贴出了招募天文历算家来京制历的通告，接着从全国不少地方征募到 20 多人，其中有又阡、落下闳、唐都、公孙卿、壶遂等。他们讨论制定了《太初历》，这是流传至今的第一部完整的历法。

著名的文学家、历史学家司马迁也参加了制历的讨论。只是司马迁的建议未被采用。大概就是这个原因，司马迁写《史记·历书》，就没有提到《太初历》。

《太初历》规定 1 个月的长度是 $29\frac{43}{81}$ 天，平年 12 个月，闰年加 1 个月，19 年中加 7 个闰月，这样计算，每年就是 $12\frac{7}{19}$ 月，相当于一年是 $365\frac{385}{1539}$ 天。年和月的长度是制历的两个最基本数据，用现代测量值来比较，这两个数的误差虽都比较大，但对早期的历法，能做到这样却也是不容易的了。

当时参加制历的落下闳曾说，此历过 800 年后差 1 天。因此《太初历》不如后来的《四分历》精确。

《太初历》于公元前 104 年（汉武帝太初元年）开始颁行，以该年十一月甲子朔旦夜半冬至这个时刻作为起算点，这是一个实际测量的结果。在公元前 104 年的十一月初一夜半时刻正交冬至节气，而这一天正好又逢甲子日，以这个时刻做起点对历法的许多周期数值的计算大为有利。因为一天的起点——夜半；一月的起点——朔旦；一年的起点——十一月；六十干支周的起点——甲子；二十四节气的起点——冬至，5 个周期的起点都相会合在一起，就像五个赛跑者此时都正在起跑点上起跑。有了这个起点，对任何一个时刻，它们到了什么地方都可以由各自的周期简单地推算出来。

《太初历》共行 188 年，到公元 84 年时为后汉的《四分历》所代替。

祖冲之的《大明历》

汉以后我国的历法有了很大的发展，魏晋南北朝时期出现了不少较好的历法，例如三国时杨伟的《景初历》；南北朝时何承天的《元嘉历》和祖冲之的《大明历》等等，都是很有名的，特别是《大明历》有更多的创造性。《大明历》的制历者祖冲之（公元 429～500 年）是我国历史上伟大的科学家，在数学、机械制造、乐律等方面都有研究，特别是在数学方面成就很大。但是天文历法也是他研究的主要内容之一，并且同样取得了重大成就，《大明历》就是他这方面的代表。

祖冲之在《大明历》中有不少创造，他取 3939 为分母，1 月的日数是 $\frac{116321}{3939}=29\frac{2090}{3939}$ 天，化成小数是 29.53059 日，同现在测得的朔望月长度非常接近，相差不到 1 秒钟。他认为，传统的 19 年 7 闰数值大了些，200 年会差 1 天，于是他提出每 391 年中置 144 个闰月的闰周，这个数值的精确程度可以这样来验证：

如果 19 年 7 闰，则每年 $12\frac{7}{19}$ 个月，1 年的长度就是：

$$29\frac{2090}{3939}\times12\frac{7}{19}=365\frac{18470}{74841}=365.2468（天）$$

现在测得 1 回归年长度是 365.2422 天，每年相差 0.0046 天。所以祖冲之说 200 年要差 1 天。改为 391 年 144 闰，每年长度就是：$29\frac{2090}{3939}\times12\frac{144}{391}=364.2428$（天），跟现测值只差万分之六日，即 1 年相差 52 秒，这是相当精确的了。

《大明历》的另一个创新是首次引进了岁差概念。祖冲之首次在编制历法时采用了当时的这个最新成就，使冬至点在恒星间位置每年向西移动一点点。别看移动的数值很小，它的影响却很大。它给我们提供了决定历史年代的科学依据，它给予人们星空在缓慢变化的唯物主义观点。那"天不变，道亦不变"的说教在《大明历》里是没有市场了。

交点月的数值在我国历史上由祖冲之第一次得到。交点月就是月亮两次过黄道和白道交点的时间，黄白交点对于发生日、月食极其重要，只有当朔或望发生在交点附近才可能发生交食，所以月亮每隔多少时间通过交点一次就是很重要的一个概念。祖冲之得出是 $\frac{717777}{26377}=27.21223$ 日，与今测值很接近，《大明历》这项进步对于推算日、月食有重要的意义。

《大明历》是我国历史上重要的历法之一，后代许多历法在年、月长度上不如它精确。它在祖冲之死后 10 年，即公元 510 年开始行用近 80 年。

优秀历法——《大衍历》

公元 721 年 9 月乙巳朔，太史局里人来人往。大家虽然忙，但没有什么声音，因为根据《麟德历》的推算，这一天要发生日食，但不知是否如预推的那样准确。大家在做着观测前的准备工作：有的在较准漏刻，有的准备记录簿，有的准备油盆……预报的时刻终于到来了，在油盆里，耀眼的太阳只显现出一个光亮的圆轮，日食情况可以清楚地看到。实际观测的结果表明，预报同实际有较大的差别。这说明《麟德历》已同实际有了较大的偏差。观测报告送到了皇帝那里，唐玄宗下令：命一行（张遂）制定新历，以代替不准确的旧历。一行辛苦工作了 6 年，新历制成，他也与世长辞了。他制定的就是《大衍历》。唐玄宗命张说和陈玄景等人把他的遗稿收集整理，写成《大衍历术》和《大衍历议》两部分，今载在新旧唐书的历志里。

《大衍历》是我国历法上优秀的历法之一，内容分？个方面，既继承了前代历法的成绩，又为后代各历所依照。计有：推算朔望的方法；推算二十四节气各日的中午影长及白天黑夜长短；推算太阳运动、月亮运动，七十二侯和六十四卦；推算日月交食，五大行星运动等内容。

大衍历的基本数据是：

通法三千四十——即每天由 3040 分组成，全历中每一数据都以此数为分母

策实百一十一万三百四十三——即 1 年的长度为

$$\frac{1110343}{3030} = 365.2444，天$$

揲法八万九千七百七十三——即 1 朔望月的长度为

$$\frac{89773}{3040} = 29.53059 \text{ 天}$$

乾实百一十一万三百七十九太——即一周天度数为

$$\frac{1110379\frac{3}{4}}{3040} = 365\frac{779\frac{3}{4}}{3040}$$

岁差三十六太——为 $36\frac{3}{4}$ 度，约82年半差1度

转终日二十七余千六百八十五秒七十九——即一近点月为

$$27\frac{1685\frac{79}{80}}{3040}=27.55460\ 天$$

交终日二十七余六百四十五秒千三百二十二——即交点月为

$$27\frac{1685\frac{1322}{10000}}{3043}27.21221\ 天$$

五大行星的会合周期为：

水星一百一十五日余二千六百七十九秒七十二，即

$$115\frac{2679\frac{72}{100}}{3040}=115.881\ 天$$

金星五百八十三日余二千七百一十一秒十二，即

$$583\frac{2679\frac{12}{100}}{3040}=583.892\ 天$$

火星七百七十九日余二千八百四十三秒八十六，即

$$779\frac{2843\frac{86}{100}}{3040}=770.935\ 天$$

木星三百九十八日余二千六百五十九秒六，即

$$398\frac{2659\frac{6}{100}}{3040}=398.875\ 天$$

土星三百七十八日余二百七十九秒九十八，即

$$378\frac{279\frac{98}{100}}{3040}=378.921\ 天$$

根据这些基本数据，再按照一定的法则就可以安排年的日历，推算交食

和五星出没。中国古代历法中这些本数据所用的名称很古怪，这给我们研究古历中的计算法带来了麻烦，但弄清了这些名字的天文含义，其中计方法是不难的。现在有些同志称古代历法著作为"天书"主要是因为弄不清这些古怪名字的意思而难于理解。

《十二气历》和《天历》

古代的 100 多种历法中，绝大多数是阴阳合历，即太阳的视运动周期为年的单位，以月亮圆缺周期为月的位。由于两者没有整数倍数，所以要采用一定的调整措施这是阴阳合历不可避免的问题。但历史上有两种历法是纯阳历设计，避开了这个问题。其中一个是沈括提出的《十二气历》，一个是太平天国颁行的《天历》。著名的科学家沈括晚年在风景宜人的梦溪园里，记录他自己一生中对各种问题进行研究的心得和收获，写成著名的《梦溪笔谈》。书中提出了我国历史上第 1 个阳历方案：每年 12 个月，大月 31 天，小月 30 天，大小月相间。二十四节气分成两组，立春、惊蛰、清明、立夏、芒种……称为节气，置于每月的开头；雨水、春分、谷雨、小满、夏至……称为中气，置于月中。这样每年的日期和节气都固定不变，也不用设置闰月，推算很简便。沈括的阳历方案在历史上是无先例的，他明知会遭到攻击，但还是坚信以后总会使用这种设计的。

事情真如沈括所预言的，800 年之后的太平天国起义军颁布了《天历》。

《天历》的基本结构，以 366 为 1 年，没有闰月。单月 31 日，双月 30 日，节气为月首，中气为月中。大月中气从每月的十七日开始，小月从十六日开始。这样除立春、清明、芒种、立秋、寒露、大雪 6 个节气为 16 日外，其余都为 15 日，所以非常简明整齐，几乎人人都能用它的推算方法来推算历谱。《天历》保留了古代的干支纪年、记日、记月的方法，并且使用星期周法。它是以立春为岁首的。《天历》1852 年立春与清朝的《时宪历》一致，大约就是以此年立春作为历元。

《天历》将回归年取为 366 整，大概是为了从整齐完满和推算方便着想的，但这个数值与真值相差较大，4 年就差了 3 天。考虑到这一缺点，太平天国的一位领导人洪仁玕于 1859 年对天历作了每 40 年一斡旋的修正。具体地说：每逢 40 的年份，改用每月 28 天；每个节气都恒定为 14 天。经过这次改定以后，天历的回归年长度相当于世界上通用的《儒略历》或我国古代的《四分历》。

农历的闰月

注意一下农历每年所包含的月数，容易发现有的年是 12 个月，有的年是 13 个月。这究竟是怎么一回事呢？

我们在前面曾经提到，我国的农历是一种阴阳历，同时把回归年和朔望月的长度作为制历的基本周期。回归年的长度是 365.2422 日，朔望月的长度是 29.5306 日，这两者不能通约。如果规定 12 个朔望月构成 1 个农历年，这个农历年的长度就是 $29.5306 \times 12 = 354.3672$ 日，比回归年的长度少 11 天左右；如果规定 13 个朔望月构成一个农历年，那么 $29.5306 \times 13 = 383.8978$ 日，又比回归年多了 18 天多。显而易见，按照这两种规定制定历法都会出现天时与历法不合，时序错乱颠倒的怪现象。比如，按前者规定，某年春节在大雪纷飞的冬天，过了 1 个农历年，下一个春节就要比前一个春节在季节上提前 11 天出现，这样过了 16 个农历年以后，春节就会提前到赤日炎炎的盛夏了。春节可以发生在一年的任何季节里，这样的历法又有什么可用的价值呢？

为了克服这个缺点，同时兼顾到太阳和月亮的运动，我们的祖先在辛勤的天文实践基础上，至迟在春秋时代就创造了"十九年七闰法"，相当完满地把我国的历法建筑在坚实的科学基础之上，远远地走在当时世界各国的最前列。"十九年七闰法"，就是在 19 个农历年中设 12 个平年，每 1 平年为 12 个朔望月；设 7 个闰年；每 1 闰年为 13 个朔望月。这就是说，19 年中总共有 $12 \times 19 + 7 = 235$ 个朔望月，总共的日数为 $235 \times 29.5306 = 6939.6910$ 日。另一方面，19 个回归年的总日数为 $365.2422 \times 19 =$

6939.6018 日。比较这两个总日数，相差仅为 0.0892 日。这表明按照"十九年七闰法"可以把太阳和月亮的运动很好地协调起来，就能制定出精度相当高并与天象密切符合的阴阳历。

由此我们可以明白，农历年有时是 12 个月，有时是 13 个月，并不是杂乱无章的，而是有着严格的科学规律的。

古历的"三正"之说

古历的"三正"之说历史悠久，其实就是历法的岁首问题。岁首，顾名思义就是一年的开头。现在大家都很明白，阳历的岁首是元旦，农历的岁首是春节，但在历史上却不是这样的。在漫长的观象授时时代，那时还没有历法，是按照物候的变迁和天体的运转判断新的一年的到来，谈不上是从哪一天开始的。后来产生出历法，东周统治者所颁行的历书规定新的 1 年从子月开始，即现在农历的十一月，包含冬至的那 1 个月，后代称为周正；春秋时代的郑国、宋国、齐国，它们的历法岁首在丑月，即现在农历的十二月，包含大寒的月份，传说殷代历法的岁首与此相同，故称为殷正；而晋国、秦国以及春秋时代的小国，它们的历法与今天农历一致，以寅月为岁首，传说夏朝的历法岁首与此相同，这就是夏正。正因为这个原因，所以有人把我们现在行用的农历称为夏历。

周正、殷正、夏正的三正之说是表示不同岁首的几种历法。当然历史上还有其他岁首的历法，例如秦和汉初的历法就是以亥月（现在农历的十月）为岁首的。不同的岁首只是一个习惯问题，各个民族也不一致，有的曾将一年的开始设在春分，有的在冬至，有的在泼水节（相当清明左右）。就是目前也还存在各种不同的岁首之说：例如学年的岁首目前统一在秋季的 9 月份左右，新生入学，旧生升级都在秋季；有的国家的财政年度的岁首放在 7 月 1 日，到下年 6 月 30 日结束，这是便于财政统计，这也是一种不同岁首的实例。

大月和小月的安排

月大 30 天，月小 29 天，可认为是古代历日制度上最巧妙的安排之一。朔望月的长度不是整数天，大约是 29 天半，客观存在使生活在不同地区的各族人民互相独立地做出了这样巧妙的安排。

朔望月的周期由月亮的圆缺变化明显地体现出来，它周而复始地变化着，圆了又缺，缺了又圆，以它的周期作为一月也有个从什么状态开始的问题。我国有的少数民族曾经以月圆至月圆作为 1 个月，以月圆作为 1 个月的开始。至今藏历、傣历还是先确定月望，规定日落时月亮正从东方地平线升起的那 1 天为十五日，由此再推定初一，这就是以月圆作为月首的遗留；汉族人民古代以月牙儿初见于西方的 1 天为一月的开始，西周初年称这一天为"朏"。后来懂得了以间接方法推算日月合朔的时刻，就取那个时刻为 1 月的开始，称为朔。这显然前进了一大步，这个时代大约在西周末年。

日月合朔是看不到的，因为那时月亮以太阳照不到的半边对着我们。我国古代以观测太阳、月亮在恒星间的位置变化来推算日月合朔的时刻，以发生日食来检验这个时刻。当测得某一个合朔时刻之后，就以加上 1 个朔望月长度的方法推得下一个合朔时刻。逐次相推，可以确定各月初一的日子，用这种方法推算出来的月份大都是大小月相间的。由于一个朔望月比 29 天半还多一点，每隔 17 个月安排一个连大月，连续两个月都是 30 天的大月，这种方法古代称作平朔法。是取朔望月长度的平均值来推算的。

事实上，月亮公转的轨道是椭圆而不是正圆，这就决定了它的运动速度是不等的，用以上方法推出的日月合朔时刻与实际有出入，所以日食有时出现在晦，有时出现在初二。月亮运动的不均匀性，在西汉末年就已经发现，所以刘向和东汉的贾逵、张衡等多次提出用九道术来推算，东汉末的刘洪，第一次在他的《乾象历》中提出推算真朔的方法。他实测月亮在一个近点月内每日实际运行的数值，用一次内插法推算真朔发生的时刻，这就比平朔法推算的结果准确。推算合朔时刻要同时算出太阳月亮的位置，而实际上太阳的运动也是不均匀的，这一事实到南北朝的张子信才发现。隋朝的刘焯在推算日月合朔时第一次考虑到太阳运动的变化。从此各家历法在推算日月合朔时，都同时考虑到日月运动的不均匀性。在推算中刘焯用了二次差的内插法。唐朝的一行用了不等间距的二次差内插法，元朝的郭守敬用到三次差的不等间距内插法，所得结果越来越精确。考虑到日月运行不均匀性而推算合朔时刻的方法称作定朔法。按照定朔法的安排，月份的大小就不老是大小月相间，这就是现在农历上会出现连大月或连小月的原因。

农历的节日

我们中华民族在中国这块富饶的土地上劳动生息，配合农业生产的节奏和气候变化，形成了许多传统的民族节日。这些节日均以农历纪时。现在选择几个略述如下：

春 节

这是大家最熟悉的一个节日。它也是我国历史最悠久、规模最盛大的一个节日。

春节为农历正月初一，俗称"过年"。这种叫法大概起源于周代。因为对于"年"，尧称"载"，夏曰"岁"，商曰"祀"，到了周代才称"年"。"过年"是农业收获后的一个大庆祝日。古书载："年，谷熟也；从禾、干声。春秋传曰：大有年。"又说："五谷皆熟曰有年，大熟曰大有年。"五谷丰登，俗称"好年冬"或"好年景"。

我国民间惯用农历，代代相传，未易转移。

春节期间的庆祝活动，不同地区也有不同的形式。因为历时久远，深入人心，所以形成为固定的习俗。其中主要有：

1. 春联

春联究竟始于何时，虽传说不一，文献难证，但其历史久远，却是毫无疑问的。直至到今天，每逢春节，张贴春联，仍为一项历久不衰的庆祝形式。

2. 春酒

新春饮春酒，由来已久。远在我国战国时代，就有此风。如《庄子》中说："春月毗巷，饮酒茹葱，以通五脏。"《诗经》中也说："为此春酒以介眉寿。"张衡赋中还说："致饮芹于春酒。"由此可见，春节期间饮春酒，不但是欢庆中一大乐事，且有益于身体。

古时所饮的春酒是一种延年祛病的"屠苏酒"或"椒柏酒"，多用中药调制。据说，屠苏酒系华佗所配药方，饮之可以"辟疫疠一切不正之气"。早年我国医学多"寓医药于饮食，以收预防之效"。

3. 迎春接福

立春为二十四节气之首，广大农村特别重视。《礼记·月令》说："先立春三日，太史谒天子曰：某日立春盛传在木，天子乃斋。立春之日，天子亲帅三公九卿诸侯大夫，以迎春于东郊。"至今有些农村仍有"迎春"之俗。就是在红纸上写"迎春接福"四字，贴于中堂，并陈设果品、五谷，以祀勾芒之神；敲锣打鼓以迎"春牛"。当然这都是古俗了。

灯　节

农历正月十五日为灯节，又称."元宵节"，俗称"十三点灯起，十五上元冥"。灯节前几日为"放灯"，最后一天为"谢灯"。此日家家悬灯结彩，竞放花火；夜间举行灯会，鼓乐齐鸣，龙狮并舞，一派喜乐景象。

关于灯节的起源，北史上有这样记载："隋柳或见都邑百姓正月十五日作觚戏，上奏曰：'京邑爰及外州，每以正月望夜，充阶塞陌，鸣鼓聒天，燎炬照地，人带兽面，男为女服，竭资破产，竞此一时，请并禁断'。上可其奏。"这里所说的觚戏，就是一种摔跤游戏。

《汉书·武帝纪》中说："元封三年春，作角抵戏，三百里内皆来观。"

隋朝也同汉代一样，在春节期间举行摔跤游戏，只是隋人选在元宵之夜举行，并且扩大范围，将摔跤游戏演变为"人带兽面，男为女服"，好像现代的化装游行。照柳或奏折所述，"竭资破产，竞此一时"，可谓十分热闹。但"禁断"并未能遏止民间习尚。到了唐代，元宵晚会更发展为盛大的灯节。

另据《明皇杂录》载："上在东都遇正月望夜，移仗上阳宫，大陈灯彩，设庭燎，自禁中至于殿庭，皆设烛炬，连属不绝。时有京都匠毛顺、巧思结创，绘成灯楼十二间，高一百五十尺，悬珠珍金银，微风一至，铿然成能。其灯为龙凤虎豹之状。"

到宋代，改为放灯五夜。辛弃疾的《青玉案·元夕》描述元宵情景，至今读来仍耐人寻味："东风夜放花千树，更吹落，星如雨。宝马雕车香满路。风箫声动，玉壶光转，一夜鱼龙舞。"

从上述记载中我们可以看出，元宵放灯始于汉，兴于唐、宋。古代农业社会在岁首闲暇之时，官府与百姓同度佳节，张灯结彩，通宵达旦，欢乐之情可以想见。

新中国成立以后，我国各族人民仍把元宵放灯作为喜庆丰收和抒发欢乐的象征。全国各地多在公园游艺场所举办花灯展览，灯型制作逞奇斗巧，更有电动花灯，人物栩栩如生，尤为奇观。

清 明

清明古称"寒食节"，起源于春秋时代。

据传，周成王年幼时，在与弟弟叔虞的一次耍戏中，削桐叶为圭，说道："以此封若。"史官听到后马上走过来请成王择日正式加封。成王说："吾与之戏耳。"史官说："天子无戏言。"于是成王遂封弟叔虞于唐，称为晋。晋传至献公时，献公嬖骊姬杀死太子申生，并欲伐次子重耳于蒲。重耳得知消息后逃出，在外流亡19年。在重耳流亡期间，有个叫介子推的大臣把大腿上的肉割下来让重耳吃，俗称"割股奉君"。重耳重返晋国取得王位（称晋文公）后，欲行复国之赏，便大会群臣，分3等计赏：上赏赏德，次赏赏才，再次赏功。凡为复国战死者为首功，授上赏。如：赵衰、颍颉、魏犨、狐偃等都受到赏封，但唯独没有介子推。在这种情况下，介子推并不言语，领着他的老母隐于绵上山中（今山西省境内）。

介子推的一个随从看到这种情况，便悬书宫门。书中写道："有龙娇娇，顷失其所，五蛇从之，周流天下；龙饥乏食，一蛇割股，龙返于渊，安其壤土；四蛇入穴，皆有处处；一蛇无穴，号于中野。"

晋文公得知后大惊道;"此寡人之过也!"于是便派人寻找介子推,但就是找不到。后来听说介子推藏在绵上山中,晋文公便亲往求访,找了好几天还是找不到。

这时有人说介子推对母亲很孝顺,如果放火烧山,他必然携母而出。

晋文公觉得此话有理,就命军士举火焚林。大火烧了3天,介子推始终不肯出来,最后母子相抱,被烧死在一棵柳树下。

晋文公找到介子推母子尸体,非常悲哀。为志其过,改绵上山为"介山"。

因为烧山这1天是三月五日清明之时,晋国人为怀念介子推,当时1个月内都不忍生火做饭,尽吃冷食。以后渐减为3天,命为"寒食节"。

后来经过长期演变,三月五日(农历)就被定为清明节。直到现在,农村每逢清明,家家都在门前插柳,并祭扫祖墓,以悼死者。

端 午

农历五月初五为端午节,又称"五月节",或"诗人节"。

端午节这一天,人们常于正午时分奉贡粽子醴酒祭祀祖先;用艾草、蒲菖插置门前,说是可以"避邪驱暑";有些地方还举行龙舟竞赛,叫做"游江",借此悼念屈原。

屈原,战国时代楚国人。他博学多识,善于治乱,为楚国三闾大夫。起先很得楚怀王重视,后由于靳尚从中挑拨而为怀王疏远。屈原愤而作《离骚》以寄慨。楚襄王后来又把屈原贬谪到江南。屈原又作渔父诸篇,以表示他的忧国忧民之情。

公元前299年5月5日,楚国灭亡。屈原遂投汨罗江而死,享年67岁。

楚人仰慕屈原的贤德,找不到尸体,于是就驾舟江上,播旗击鼓,以招忠魂;并把米饭装在竹节内,洒于江中喂食鱼虾,希望这样能保全屈原的尸体。

这种风俗,后经楚地而传于全国。这就是端午节的由来。

古时的招魂小舟，逐渐演变为现在的龙舟竞渡，竹节米饭后演变成竹叶粽子。

中　秋

农历八月十五日为中秋节，又称"八月节"或"团圆节"。

在这两天，有些人家常于庭院摆下桌子，放上水果，对月空拜，俗称"拜月娘"；拜毕，全家分食丹饼，赏月纳凉；有些要好的朋友还聚在一起，谈艺吟诗，饮酒赏月；亲戚朋友之间，还以月饼相赠，称为"送节礼"。

八月十五日所以叫中秋节，乃是因为它处于三秋之中，因而得名。《周礼》载："中秋夜近，寒亦如之。"可见"中秋"这一名称在周朝就有了。

但是中秋赏月则起于唐代，而吃月饼赏月又是从宋朝开始的。现将有关中秋节的神话传说介绍一二：

（1）《中秋博物志》中说：武夷者，地官也。相传于八月十五日，大会村人于武夷山，置慢亭，化虹桥，通山下。八月十五日，太极王、皇太姥、魏真人、武夷君，并坐空中，然后命鼓官行酒，命歌师唱人间可怜之曲。

储山谱》中还说：武夷山神号武夷君，秦始皇二年，有一天他告诉老百姓在山顶相会。这一天，山下老百姓都聚于山顶，果然看到山上有绿屋宝殿，内中众神分男女而坐；仿佛还听到空中有人声和乐器声，但不见人。

（2）唐明皇游月宫。据唐逸史载："罗公远，鄂州人，开元中中秋夜，侍明皇于宫中玩月，奏曰：'陛下能从臣月中游否？'乃取桂杖向空中掷之，化为大桥，其色如银，请帝同登，约行数十里，精光夺目，寒气侵人，遂至大城阙。公远曰：'此月宫也。'见仙女数百，合唱歌曲。帝不识其曲名。问之，'霓裳羽衣曲也。'帝密记其声调而回。却顾其桥，随步而减。即召伶官，依其声调作霓裳羽衣之曲。"

（3）嫦娥奔月：相传在夏代，穷国君后羿恃其善射而疏远贤臣，听信谗佞，残暴欺压百姓。他的妻子嫦娥，美丽而贤惠，常常不同意后羿的所作所为。

有一天西王母派人给后羿送来长生不老仙药。嫦娥怕后羿吃了药真的会长生不老，长期欺压百姓，就把仙药偷吃了，并飞向月宫而成仙。

后世感念嫦娥恩德，都为她在广寒宫里的孤苦而惋惜。有一首诗写道：

云母屏风烛影深，长河渐落晓星沉。

嫦娥应悔偷灵药，碧海青天夜夜心！

（4）馈赠月饼：据传元世祖至元十年，降将张弘范兵至山，文天祥被俘，陆秀夫背着卫王跳海自杀，宋朝基业尽败，而全国各地忠贞之士，多矢志匡复，约期中秋举事，主事者以面粉和糖做成圆饼。饼中藏着"八月十五夜杀鞑子"一张传单，分赠各家，名为"节礼"。

当时的老百姓既怀国破家亡之痛，又恨元朝残暴，果然按传单所说，在八月十五日夜啸聚起义，可惜组织不严密，又缺乏作战经验，终为元兵所歼。

这就是中秋送月饼的由来。

重　阳

农历九月初九为重阳节，古有吃糕、饮酒、登高、赏菊的风俗。

在唐、宋时代，还规定在重阳讲武习射，称为"赛马节"。宋代苏轼说道："四时令节，惟清明与重阳，不宜虚度。"

明代，人们在这一天要接出嫁的女儿回家，所以又叫"女儿节"。

清朝时把重阳节称为"夜作节"，人们在这一天要特别慰劳夜间工作的人。

二十四节气

什么是二十四节气

二十四节气人们都很熟悉，尤其是广大农民许多人不仅能背诵，而且能灵活运用，有力地指导农业生产活动。

二十四节气是我国古代天文学家和劳动人民在农业生产实践中发明、创造的，反过来它又服务于农民的耕耘、播种和收获，因而推算并预报二十四节气一直是我国农历的一项不可缺少的重要内容。

据古书记载，我国早在春秋战国时代，就已经很有把握地利用土圭（就是直立于地面上的一根杆子）测量日影长短，确定冬至、夏至和春分、秋分四个节气了。确定的根据是：一年中，中午土圭影子最短的一天为夏至；中午影子最长的一天为冬至；由夏至到冬至和由冬至到夏至的过渡中，土圭影子适中、昼夜平分的两天为秋分和春分。到了距现在 2100 年左右的秦、汉之际，已经有了完整的二十四节气，并且一直沿用到现在没有什么变化。二十四节气的顺序名称是：立春、雨水、惊蛰、春分、清明、谷雨、立夏、小满、芒种、夏至、小暑、大暑、立秋、处暑、白露、秋分、寒露、霜降、立冬、小雪、大雪、冬至、小寒、大寒。

在漫长岁月的使用过程中，人们逐渐编排了便于记忆二十四节气的歌谣：

春雨惊春清谷天，夏满芒夏暑相连。

秋处露秋寒霜降，冬雪雪冬小大寒。

节气依赖太阳

大地啊，生灵的母，

那广袤阔宽的身躯，

乃是万物生息之所。

然而，可不要忘记；

火红炽烈的太阳，

给予了永恒不竭的温暖；

连同沉静的大地，

也沐浴于太阳的恩波。

是的，太阳对于地球，乃至地球上的一切，都是头等重要的。二十四节气所反映的是地上春夏秋冬四季变化，人们只要查看一下目前处于什么节气，便可大概了解今后一段时期的气候情况，这其中的原委也离不开太阳的主宰。

为什么知道了所在的节气，就能知道气候的变化情况呢？原来某一个地区气候寒暖的程度首先决定于太阳的照射方式。当太阳垂直或接近垂直照射时，地面接受的光和热就多，气候就会热；当太阳倾斜照射时，所受的光和热就少，气候就会冷。当夏天渐渐来到时，太阳的位置越来越高，地面接受的热量渐渐增多，放出的热量也渐渐增多，到达夏至时接受的热最多，但放出的热还要再过1个月左右才到达最多，所以最热的天气不是出现在夏至，而是在夏至后1个月左右。怪不得二十四节气的夏至后为小暑和大暑。暑者，热也。类似的道理，最寒的时候不是冬至，而是冬至以后1个月左右，故为大寒。

我国古代劳动人民早就知道了气候变化与太阳位置有关，利用这个依赖关系，古人发明了圭表以观察日影的变化来决定季节。《后汉书·律历志》里记载了二十四节气中每一节气时八尺之表的影长，这是古人以日影长短定季节的记录。

节气由来已久

我国古代在发明用圭表定季节之前，早就利用昏旦中星、偕日出、偕日没的恒星及北斗斗柄所指的方向来定季节。这些资料记载在我国早期的历书《夏小正》和《月令》中。《月令》具体地记载着月初及月中所出现的星象和物候。每当什么星象和物候出现，就知道到了什么季节，也就知道该种什么庄稼和干什么农活了。大约到了战国中后期，人们根据月初月中的星象和物候知识，将1个回归年日数等分为34个区间，给出了专有的名称，这就是二十四节气的来历。春秋时代就有日南至、日北至的名称，这可能是利用圭表实测冬、夏至影长所用的专有名称。战国后期的《吕氏春秋·十二月纪》记有立春、春分、立夏、夏至、立秋、秋分、立冬、冬至八个节气的名称。除春、秋分用日夜分和冬、夏至用长短日至外，其余都与现代一致。八节是二十四节气中最重要的节气，它们之间大约相隔46日。《淮南子》已记有全部二十四节气的名称，与现代完全一致，这是二十四节气全部名称的最早记录。从出土的文献可以证明，西汉时已肯定用节气注历，所以那时已经发展到只要观看历书就能掌握季节了。

农业生产与季节有着十分密切的关系，我国古代劳动人民早就知道适时播种的重要。他们在长期的生产实践中总结出很多季节与农时关系的经验，编出许多掌握农时节令的歌诀，在劳动人民中间广为流传。一到某个季节，人们就能很熟悉地说出到了该干什么农活的时候了。二十四节气和根据各地不同的气候特点编制的农时节令歌诀，大大帮助和促进了农业生产的发展。公历在我国虽然使用已经几十年了，但现在二十四节气在我国仍然十分流行，对农业生产还在起着有利的指导作用。

有人说，节气是属于阳历的范畴，这是很对的。但它又是阴阳合历所特有的产物。以太阳纪年，以月亮纪月，这就是我国古代所用的阴阳合历的特点，它必须要设置闰月来调整季节的寒暖。由于有闰月，这就使得季节在月份中不十分固定，例如某种物候有时在月初、出现，有时又在月末出现，二十四节气就是为了精确地指示气候的变化而创立的。它是一种纯阳历。古代世界上使用阴阳历的国家很多，但只有我国才创有二十四节气，从这点可以证明我国古代劳动人民的聪明才智，以及我国古代农业生产和科学技术的发达。

节气名称的含义

"清明时节雨纷纷，路上行人欲断魂"。唐人杜牧的诗句脍炙人口。既清且明的节气为何又"雨纷纷"呢？

　　黄河是中华民族的发祥地，二十四节气也发源于此。由于它有很重要的实用价值，所以很快便推广到全国。但它所反映的主要是黄河流域的一般情况，其他地区当然也可参照使用。杜牧所描述的就是江南地区的纷纷春雨。

　　二十四个节气的含义有属于天文学方面的，有气象方面的，也有物候和农作物方面的，基本上反映了一年中的各种特征。

　　立春：表示冬天即将结束，春天开始了。

　　雨水：立春过后，天气逐渐暖和，雨水开始多起来了。

　　惊蛰：雨水过去之后，逐渐将有春雷轰鸣，藏于地下
冬眠的生物也就惊醒了，所以这个节气叫惊蛰。

　　春分：春分这一天昼夜平分，正是春天的中期。

　　清明：春分以后，春光明媚，天气晴朗，万物滋生。

　　谷雨：雨水有比较显著的增多，谷物苗壮生长。

　　立夏：表示夏天开始了。

　　小满：麦类等夏熟作物籽粒丰满起来了，但还不到开镰收获的时候。

　　芒种：麦子有芒了，夏收作物成熟，应该收割，大秋作物应赶快下种了。

　　夏至：古称"日北至"，表示盛夏就要来临。白天渐短了。

　　小暑：夏至以后天气炎热，称为小暑。

　　大暑：比小暑节气天气更为炎热，这是一年中的极热季节，所以有"小暑不算热，大暑三伏天"之说。

　　立秋：表示秋天开始了。

　　处暑：处是终止的意思，表示暑天结束了，以后气温开始逐渐下降了。

　　白露：天气渐渐凉起来了，空中的水气在树木、花草上可以结成露珠了，故称白露。

　　秋分：白天黑夜等长，恰在秋天中期。

　　寒露：天气更凉了，露水也很凉了。

　　霜降：开始有霜了。

　　立冬：冬天来临了。

　　小雪、大雪：下雪季节开始，先是小雪，至大雪已成积雪。

冬至：古人称"日南至"，表示寒冷的冬天到了。白天渐长了。

小寒、大寒：一年之中最寒冷的季节。

寒冬过去，又是春回大地。从节气的含义可以知道，二十四节气又可以分为四类，即：（1）表示寒来暑往变化的有：立春、春分；立夏、夏至；立秋、秋分；立冬、冬至，八个节气。(2) 象征气温变化的有：小暑、大暑、处暑、小寒、大寒五个节气。(3) 反应降水量的有：雨水、谷雨、白露、寒露、霜降、小雪、大雪七个节气。(4) 关于农事活动的有：惊蛰、清明、小满、芒种四个节气。

二十四节气的创立不仅是我国科学史上的一件辉煌成就，直至现代对指导农业生产仍有巨大的现实意义，如若不信，请看农谚吧！

种田无定例，全靠看节气。

立春阳气转，雨水沿河边。

惊蛰乌鸦叫，春分滴水干。

清明忙种粟，谷雨种大田。

立夏鹅毛住，小满雀来全。

芒种大家乐，夏至不着棉。

小暑不算热，大暑在伏天。

立秋忙打靛，处暑动刀镰。

白露贲割地，秋分无生田。

寒露不算冷，霜降变于天。

立冬先封地，小雪河封严。

大雪交冬月，冬至数九天。

小寒忙买办，大寒要过年。

节气的划分

我国自古以来就成功地制订并使用阴阳合历（农历），那么，二十四节气自然应该从属于农历了！其实不然，二十四节气纯粹是属于阳历的。为什么呢？

在分析二十四节气的意义和更迭时，可以清楚地发现：二十四节气的循环是以春、夏、秋、冬四季为周期的，而这正是地球绕太阳运转的反映。由于人类居住在地球上，感觉不到大地的运动，却看到太阳在星空中运动，一年中正好运转一周，我们将太阳的这种运动称为视运动，把它所运行的道路称为黄道。黄道是一个大圆圈，圆周为360度。二十四节气就是将黄道等分成24段，每段为15度。太阳每移动15度（实际上是地球围绕太阳运转了15度），就表示到了1个节气。太阳走完每段所用的时间基本上是相同的，因此二十四节气在公历中的日期是几乎不变的，比如清明节每年都在4月5日左右，冬至节每年都在12月22日左右等等。二十四节气在阳历中的日期，可以用两句话加以概括，即：

上半年来六、二一；

下半年来八、二三；

前后只差一、二天。

前后所以有1至2日的出入，是由于太阳运动快慢的不均匀造成的。

二十四节气在农历中的日期很不固定；因为农历的一年比回归年少11天左右，结果同一个节气在某年的日期要比前一年晚11天左右。比如1978年清明节在2月28日，1979年的清明节却在3月初9了。遇到闰年时农历年长为384天左右，比回归年又长了19天左右，结果下一年节气的日期又要提前19天左右。比如1979年农历是闰年，1980年的清明节又提前到2月19了。可见在农历中不查日历就不会知道节气的日期，而每年节气的日期都必须经过复杂的计算才能确定。

三伏与九九

人们除掉注意与农业生产最有关的节气外，对于每年炎热和寒冷的季节也特别注意。其中三伏和九九就是这种被注意的特殊情况。苏东坡的诗中就有"算来九九无多日"的句子，是说九九快过去了。在《帝京景物略》一书中还有《九九消寒图》的记载。内容是冬至日画素梅1枝，有81个花瓣，1天染1瓣，染完时九九也就结束了。

九九是从冬至那天开始算起的，每个九有9天；九九八十一天过完了差不多就是3月12日（闰年3月11日），再过9天就是春分，所以有"九九加一九，耕牛遍地走"的说法。

"伏日"的说法至迟在春秋时就有了。《史记》有"德公二年（公元前676年）初伏"这样的话；唐代有一本叫《初学记》的书中对三伏讲得非常清楚，说从夏至后第三庚为初伏，第四庚为中伏，立秋后初庚为后伏，谓之三伏。伏日的推算不如九九那么单纯，它有些变化，所以常常有人提出这样的问题，即三伏是怎样推定的？为什么有些年份中伏20天，有些年份只有10天？其实伏日的推算并不难，古代是以干支记日的，在历史上早就作出了规定，夏至后第三个庚日为头伏，第四个庚日为中伏，立秋后第一个庚日为末伏。这样，头伏、末伏都是10天，中伏则有时是10天，有时是20天，决定于夏至所逢的干支。举例说，1977年夏至为6月21日，干支为己酉，22日为第一庚日庚戌，则第三庚日为7月12日，干支为庚午，所以这天为头伏的开始。第四庚日为7月22日，干支为庚辰，这天为中伏的开始。立秋为8月？日，立秋后第一个庚日为8月11日庚子，这天起为末伏，所以1977年中伏就有20天了。

冬至以后，开始进入一年中最寒冷的季节，所以九九从冬至开始算起，这是谁都能理解的。它与太阳的位置变化直接有关。俗话说，热在中伏，冷在三九。这是根据人们的实际经验总结出来的。中伏和三九差不多都在夏至、冬至后20多天前后，它是与实际气候相合的。至于伏日为什么要以庚日来定的问题，这是有一个历史的发展过程的。古代五行学说比较流行，它反映着一种五行的变化思想。这种思想用在这里虽然并没有科学的意义，但因为其变化总超不过10天的范围，仍然能基本反映气候变化的规律，所以一直沿用至今不变。

二十四节气与闰月

我国古代的历法家，把二十四节气分为节气和中气，节、中相间排列。其中单数的为节气，即立春、惊蛰、清明、立夏、芒种、小暑、立秋、白露、寒露、立冬、大雪、小寒。双数的为中气，即雨水、春分、谷雨、小满、夏至、大暑、处暑、秋分、霜降、小雪、冬至、大寒。

农历以 12 个中气分别作为 12 个月的标志，即各个月都有一定的中气，比如雨水是正月的中气，春分是二月的中气等等。

农历的闰月在古代有过不同的安排方法，但从汉代开始逐渐形成了一个置闰法，把不包含中气的月称作上一个月的闰月。前边刚刚说过，每月都有一定的中气相对应，怎么又出现了不包含中气的月呢？这个问题并不难理解。因为一个回归年中有二十四个节气，这就意味着节气与节气或者中气与中气之间平均为（365.2422 ÷ 12 = ）30.4368 日，而一个朔望月为 29.5306 日，这二者之间相差将近一日，所以中气（节气也一样）在农历月中的日期，每个月就向后推迟近一日。这样天长日久，总会出现中气赶到月末的现象，那么接下去的一个月就必然没有中气而剩下一个节气了。于是，这个没有中气的月就被称作这一年的闰月，而且把它叫上个月的名称，只是要在"几月"的前面再加一个"闰"字。比如 1979 年（农历是己未年）前七个月的中气日期是：这里的闰六月就没有中气，只有一个节气——立秋。

农历之所以将没有中气的月作为闰月，只要做一个简单的运算，就会发现其中的奥妙。原来 19 个回归年中分别有（19 × 12 = ）228 个节气和中气，又农历在 19 个年头中有（19 × 12 + 7 = ）235 个朔望月，显然会有 7 个月没有中气，7 个月没有节气，这样把 7 个没有中气的月作为闰月就是很自然的了。

十九年七闰法，闰月一般安排在第 3，5，8，11，14，16，19 年，其中相隔的年数为 3，2，3，3，3，2，3 年，比如 1979 ~ 1998 年相应的农历年的 19 年中闰月就是这样安排的。但也有其他的排列。按此规律，我们可以推知闰年的大概情况，比如 1974 年的农历年为闰年，那么 19 年前的 1955，1936……19 年后的 1993，2017……也是闰年。但闰月的名称并不相同，要按上述原则去精密计算。

二月一次；三月三次；四月六次；五月五次；六月四次；七月三次；八月三次；九月一次；十月一次；十一月、十二月、正月一次不闰。这个闰月情况说明，闰四、五、六月的次数最多，其他月较少，而十一、十二和正月一次不闰，这是什么道理呢？要回答这个问题，还得再谈地球围绕太阳的运转。

众所周知，地球绕太阳的运动轨道是略扁的椭圆形，太阳并不在这个椭圆的中心，而是处在其中的一个焦点上，所以地球在围绕太阳运转的过程中，有时距离太阳近些，有时又远些。距太阳最近的一点叫"近日点"，最远的一点叫"远日点"，地球愈接近近日点，运动速度就愈大，相反就愈小。这样地球在它的轨道上虽然转过了相同的角度（15 度），但所用的时间却是不相同的。比如从春分到秋分需要 186 天多，显然这期间两个中气之间的日数，都超过了前边讲的平均数（30.4368 日）。尤其是从夏至到小暑，地球正在远日点附近，速度最慢，两个中气的间隔达到最大（31.45 日），所以在这段时期及其前后的历月中，不包含中气的机会就多，这就是闰四、五、六月次数最多的原因。地球从秋分运动到第二年春分只需要 179 天，这段时期内，除秋分到霜降之间两个中气的时间间隔为 30.38 日以外，其他的只不过 29 天多一些，所以置闰的机会自然就会少一些。而地球在冬至点前后运动最快，两个中气的间隔就更小一些，结果使得十一月、十二月、正月总是含有两气，有时甚至出现一个月包含三气的现象。比如农历辛丑年（公历 1961 年）的十二月就含有三气，庚申年（公历 1980 年）的十一月也含有三气，这就是十一、十二和正月不闰的根本原因。

推算节气的简易方法

前面曾经介绍了二十四节气与阳历有比较固定的对应关系，即上半年来六、二一，下半年来八、二三，但这是极为粗略的，要想确切知道各年度各节气的日期、时刻，还得去查日历。二十四节气的准确日期和时刻，是由复杂的运算才确定的，这种方法本书不宜介绍。为了满足广大天文爱好者的要求，仅介绍一种推算节气的简易方法，不过这种方法的推算结果和节气的时刻可能有几分甚至十几分钟的误差。

这种方法首先须要知道公历某年各节气的日期和时刻，然后以它为基数向前或向后做具体推算。

向后推：

（1）如某年为平年，第二年也是平年，则在第一年各节气的日期、时刻上，再加 5 时 49 分，就得到第二年各节气的日期、时刻了。它可以写成一个表达式：

（平后平）X 节气 =（前平）X 节气 +5 时 49 分

例如由 1981 年（平年）2 月 4 日 5 时 56 分立春，推算 1982 年（平）立春的日期、时刻。

（1982 年）立春 =（1981 年）立春 +5 时 49 分

=2 月 4 日 5 时 56 分 +5 时 49 分

=2 月 4 日 11 时 45 分

（2）如前一年为平年，第二年为闰年，则闰年 1、2 两个月内各节气的日期、时刻，为第一年 1、2 两个月内各节气日期、时刻加上 5 时 49 分。3 月至 12 月的要减去 18 时 11 分。

即：（平后闰）3～12 月 × 节气 =（前平）3～12 月 X 节气 ~18 时 11 分。

例如由 1979 年（平）3 月 21 日 13 时 X 分春分，推算 1980 年（闰）春分的日期、时刻。

（1980 年）春分 =（1979 年）春分 –18 时 11 分

=3 月 21 日 13 时 22 分 –18 时 11 分

=3 片 20 日 19 时 11 分。

（3）如第一年为闰年，第二年为平年，则平年 1、2 两个月各节气的日期、时刻为闰年相应的节气内减去 18 时 11 分；3 至 12 月内各节气日期、时刻为闰年相应节气日期、时刻上加 5 时 49 分，表达式可写为：

（闰后平）1～2 月 X 节气 =（前闰）1～2X 节气 –18 时 11 分。

（闰后平）3～12 月 X 节气 =（前闰）3～12X 节气 +5 时 49 分。

向前推：

（1）由平年节气推算前一个平年的节气日期、时刻、算法与由平年推算下一个平年的方法相反。即：

（平前平）X 节气 =（后平）X 节气 –5 时 49 分。

（2）由平年推算前一个闰年的节气，算法与由闰年推算后一个平年相反。即：

（平前闰）1–2 月 X 节气 =（后平）1～2 月 X 节气 +18 时 11 分。

（平前平）3–12 月 X 节气 =（后平）3–12 月 X 节气 –5 时 49 分。

（3）由闰年的节气推算前一个平年的节气，算法与由平年推算后一个闰年相反。即：

（闰前平）1～2 月 X 节气 =（后闰）1–2 月 X 节气 +18 时 11 分。

有趣的干支与生肖

我国古代历法有个创造，以 10 天干 12 地支来纪年、纪月、纪日和纪时。

什么是干支？干支是树干和树枝的意思，是古人用来表示次序的符号，是天干和地支的合称。

"天干"有 10 个数序：甲、乙、丙、丁、戊、己、庚、辛、壬、癸；"地支"有 12 个数序：子、丑、寅、卯、辰、巳、午、未、申、酉、戌、亥。

天干地支在我国古代曾被广泛地应用。例如，12 地支用来计时，将一日分为 12 辰，一辰等于 2 小时，子时（晚上 11 时到第二天 1 时整），1 时到 3 时为丑时等等。古人还根据动物出没活动时间规律，把 12 种代表动物同 12 时辰相配。

相传在黄帝时代，中国人民就创造了干支纪日法。有历史记载的这种记日方法已有 2600 多年历史了，而且从来未中断过。这是世界上最长的一种系统纪日法。例如 1988 年元旦是乙卯日，以后每隔 60 天后（3 月 1 日、4 月 30 日、6 月 29 日、8 月 29 日……）都是乙卯日；1 月 2 日是丙辰日，以后每隔 60 天（3 月 2 日、5 月 1 日、6 月 30 日……）都是丙辰日。同样道理，知道 1987 年元旦为庚戌日，也可向前推算。

现在，干支纪时、纪日、纪月已很少用了，可是，我国的历书为照顾民间的习俗，还用干支来纪年。

天干、地支相互搭配，可以组成 60 干支（也叫 60 花甲子），古人常以此来纪年、纪月、纪日。干支更多的是用来纪年。60 干支中，如甲子、乙丑、丙寅、丁卯……甲和子分别位于干、支的首位，从甲子一直到癸亥，正好 60 年一个循环，为 1 个花甲子。成语"年逾花甲"说的就是年龄超越了 60 岁。

一个甲子终了以后，另一个甲子又开始循环。有首古诗说，"山僧不解数甲子，一叶落知天下秋"。史书上说的甲午战争、戊戌变法、辛亥革命等等，这些都是干支纪年。

干支纪年用 12 种动物来做标记，同它相对应，那就是：子（鼠）、丑（牛）、寅（虎）、卯（兔）、辰（龙）、巳（蛇）、午（马）、未（羊）、申（猴）、酉（鸡）、戌（狗）、亥（猪）。由纪年借用为人的生肖，即 12 生肖，也叫 12 属相，如子年生的人肖鼠，丑年生的人肖牛等等。

除龙带有神话色彩外，其他动物都同人类关系密切，为人们所熟悉了的。它们那种生动的形象便于人们记忆和推算岁月。记住干支年比较难，记住鼠年、牛年，就不易忘记。

西方月份名称里的故事

除夕之夜，钟声敲响12下，12月结束了，1月刚刚开始，鞭炮声声，人们辞旧迎新。公历一年有12个月，12个月的英文名称的来历，反映了许多有趣的事。

1月（Januey），这英文名是由拉丁语Januarrus演变而来的，是为了纪念罗马人崇拜的守护神雅努斯（Janus）。据说，雅努斯天生有两副脸孔，前面的一副展望未来，脑后的脸孔回顾过去。这倒是很确切的，带有除旧迎新的意思。

2月（February），是由拉丁语Februarius演变而来的，罗马有个节日叫菲勃卢姆节（Februum），在这个节日里，人们常常想起自己在过去一年里的罪过，为此而忏悔，祈祷将来，使自己的"灵魂"变得洁净。另一说，古罗马在2月中旬要举行宗教仪式，来"医治"那些不育的女子，因为当时人口增长率很低。在台伯河畔的岸洞里举行，选两个青年担主角，把祭献的山羊杀死后，割下山羊皮交给他俩。他们手执这种叫Februa的皮鞭，在村里奔跑，碰到不育的女子就抽打，这样可"医治"不育症。据说生育的女神Juno又叫Ahruaria。

3月（March），是拉丁语Marfius转变而来的，这是原来历法的1月，是为了对战神玛尔斯（Mars）表示崇敬，恺撒改革后，把它变为3月。

4月（April），是由拉丁语ApriliS演变而来的，古代4月的罗马是鲜花初放的季节，拉丁语这一词的意思是"开花"，也是"大地春回，万象更新"的意思。

5月（May），这是一个百鸟齐鸣，鲜花怒放的季节，可是西方人迷信在5月结婚不吉利，这可能是这月有贞洁女神BomaDea节和鬼节的缘故。May来源于罗马神话中的女神 Maia，她是司春天和生命的神，是神话中的信使 Hermes 的母亲。

6 月（June），罗马神话中的女神裘诺（Juno），是众女神之王，罗马人非常崇拜和信任她，就称 6 月为裘诺之月。

7 月（July），罗马统治者儒略·恺撒在改历中塞进自己的"私货"：把 7 月的名字改为"儒略"，因为他是在那个月诞生的。另一说法，恺撒死后不久，元老院议员为了纪念他，就用他的名字（Julius）命名他出生的那个月——7 月。英语的名称是由此演变而成的。

8 月（August），罗马的另一个统治者奥古斯都（Augustus）是恺撒的义子，他为了表示同恺撒同样的尊严，将自己的名字加在 8 月上，并把原来的小月的 8 月改为大月，这样，奥古斯都就和儒略·恺撒平起平坐了。

9 月（September），最早的罗马历法中，共 10 个月，7、8.9、10 月都按次序命名，拉丁语第 7 叫 septem，第 8 叫 octo，第 9 叫 norem，第 10 叫 decem，恺撒改历时，把它们依次移后了 2 个月，使 7 月变成了 9 月。

10 月（October），拉丁文 octo 是第 8 的意思，同样原因，使 8 月变成了 10 月。

11 月（November），罗马皇帝儒略·恺撒、奥古斯都有了他俩名字命名的 7 月、8 月，罗马人有人要求当时罗马皇帝梯比里乌斯也选择一个月来命名，可是，梯比里乌斯并不赞成，他明智地说："如果你们有 11 个恺撒，又该怎么办呢？"这样，11 月也是由拉丁文第 9（Novem）变化而来的。

12 月（December），拉丁文 Decem 是第 10 的意思，同样原因，使 10 月也变成了 12 月。

星期与礼拜

有些学生常问："今天是礼拜几？"当然问者及被问者都明白，他要了解的是星期几，这与他应上什么课、带什么书和笔记本有关。但岂不知，礼拜与星期是有本质区别的两个概念。

礼拜乃是基督教的规定，因为基督教认为世界是由"上帝"在六天里创造的，第七天"上帝"见已万事俱备，就安心地休息了。公元1世纪时，新创的基督教继承了犹太教《圣经》，但对其中某些传统包括星期制稍稍作了些修改。犹太教的安息日是放在星期六的，但基督教因为耶稣死后三天复活时正在星期天，所以他们把安息日改为星期的第一天即星期日，称为"主日"，并规定教徒到时应上教堂去作参拜——叫做礼拜，做礼拜的日子当然应叫"礼拜天"。公元321年3月7日，罗马皇帝君士坦丁大帝专门发布了一项公告，宣布地方执政官、市民和工匠在"尊敬的太阳日"应停止工作和劳动，去教堂做"礼拜"。由此可见，"礼拜"实际是个宗教名词。

但是"星期"却是一个与历法有关的概念，是一种介于月和日之间的时间单位。因为在古代，由于生产力十分低下，人们所获不多，所以隔几天就得举办"集市"进行交换，一个月的时间太长了，除了新月的这一天见不到月亮外，28个可见月亮的日子可均分为4份，每份正好7天，而且"7"这个数字，在古代星占家眼中又是最神秘的数。从考古得到的资料表明，早在公元前20世纪，特别注意月亮的古巴比伦人就已开始把一个朔望月用1日、7日、14日、21日分为四个部分，并按此举行集市，进行贸易，这或许就是"星期"最早的起源。

我国在周代初期（公元前11世纪），也有与星期制类似的分法，即把一（朔望）月大致分为初吉（大约相当于初二到初八，长7天）、既生霸（初九到十五，长7天）、既望（十六至二十二，长7天）及既死霸（二十三至初一，七至八天）。但可惜这种纪日法并未能流传下来。

罗马帝国最早把星期天与天体联系起来。他们当时误以为天体从远至近的次序是土、木、火、日、金、水、月，从而编出了一套星期的顺序。后来又改为土（星期日）、日（星期一）、月（星期二）、火（星期三）、水（星期四）、木（星期五）、金（星期六）。直到公元321年，君士坦丁大帝才把次序改为日、月、火、水、木、金、土，并把"星期制"正式固定下来。一些东方国家（如日本、朝鲜）至今仍保持着日曜日（星期日）、月曜日（星期一）、火曜日（星期二）、水曜日（星期三）、木曜日（星期四）、金曜日（星期五）、土曜日（星期六）的名称。

在拉丁语中，星期中七天的每一天都与神话人物挂钩的：例如，星期日属于太阳神（Sunday），星期一是月神（Monday），星期二为战神玛尔斯（法文为Mardi），星期三为通讯及商业神，至今法文中还称它"Mercredi"，星期四是主神裘匹特（法文为Jeudi），星期五是爱神与美神（法文为Vondredi）……当然经过多少年的历史变迁，有的原来的意义已有了不同的变化，但是可以肯定的是，星期制早已没有宗教中的封建迷信含义了。

二、时间趣闻

地球有水的历史

众所周知，生命离不开水，地球生命起源的一个重要条件是因为有水。但水是从什么时候来到地球上的呢？

天文学家发现，在太阳系诞生时构成地球的原始物质中就含有水。天文学家通过对太阳系中小行星和彗星的光谱分析，发现其中含有大量的水分，主要是以冰块及水合化合物的形式存在。这些小行星和彗星实际上是45亿年前形成太阳系各大行星时的残留物质，由于低温而基本保持着当初与构成早期地球的物质基本相同的原始状态。

不过在地球诞生之初，首先经历了一个高温的阶段。通过引力而凝聚的星子在相互碰撞中释放出大量能量，再加上地球内部大量放射性物质产生裂变和衰变、地球凝聚时由势能转化而来的动能，导致地球内部温度升高到熔融，使得内部的水分全部沸腾成气体，再加上太阳风的强烈作用和地球刚形成时引力较小，这些水分几乎全部逃逸到太空中。

后来，炽热的行星开始冷却，地壳凝结为固体。这时，来自天外的小行星和彗星形成流星雨，频繁光顾地球，带来大量的水和各种有机分子，形成地球最初的原始海洋，生命开始孕育了……目前古生物学家根据在格陵兰和希腊发现的含有属于生命有机体的古老碳遗迹岩石判断，至少38亿年前地球上就有生命活动的迹象。到37亿年前，生命有机体已经在地球上完全站稳了脚跟。

那么，这场给地球带来大量水和有机分子的流星雨究竟发生在什么时候？规模有多大？又是什么时候终止的？科学家们很想搞清这一点，因为这对于了解地球生命的起源问题很重要。

遗憾的是，当初那些陨星撞击留下的痕迹早已被后来几十亿年的地质变迁抹掉了。一些科学家试图根据海水中的含盐量，间接测定原始海洋最初形成的时间，因为海洋中的盐分是亿万年来陆地和海底岩石中的矿物质溶解后不断地汇集于海水中逐渐积累的。但是这种估算方法并不可靠。

幸运的是，当年那段流星撞击记录却在月球上保存了下来。由于没有水和大气的侵蚀和风化作用，也没有内部热量导致的地质活动，使月球自形成起基本上仍然保持着最初的原始状态。

月球是距我们最近的天体，也是地球数十亿年演化过程始终陪伴在身边的"伴侣"，甚至可以说是我们地球的"影子"，当年那场撞击风暴不可避免地也落在了月球的表面，留下无数巨大的环形山（撞击陨石坑）和盆地（直径大于300 km的撞击坑），至今仍历历在目。

根据美国"阿波罗号"航天员从风暴洋、宁静海和澄海等地点收集到的撞击熔融岩样，研究人员进行了放射性同位素测年分析，估算出撞击发生的时间为38.7亿年前。

月球被剧烈的陨星撞击后留下了无数撞击陨石坑

地球生命诞生的时间

地球形成后，经过了大约十几亿年的变化，为生命诞生创造了良好环境，奠定了坚实的基础。无论是来自遥远的太空还是源于地球本身，第一颗生命的种子开始生根、发芽、开花、结果，并开始了生命的世代繁衍和进化。从第一个生命体的诞生到人类的生生死死，这段世代相传、扑朔迷离、充满机遇与挑战的生命发展历程至今达 30 亿年的时间。

我们居住的行星——地球，大约形成于 46 亿年前。从某种程度上说，在一个无法确定的时间，一定是发生了什么情况，因为这颗毫无生机的天体开始接纳与岩石和水迥然不同的某些东西。氮和碳分子进化为 DNA 分子，一种微生物在宇宙星际间四处旅行。正是这种微小的分子出现数百万年之后，原始的单细胞体诞生了，后来又慢慢地出现了越来越复杂的水生生物，它们最终登上陆地，从此以后各种生物在地球上就大规模地繁衍并蔓延开来。

今天，地球上大约存在 200 万种不同种类的生物，包括植物、动物、微生物、人类等。但所有种类的生物都来源于同一种物质——一种到某种程度时能启动生命历程的物质。这是一种什么物质呢？一种有关地球生命的最新理论和最新研究成果是这样描述的：在太空中游弋的一些天体的碎片犹如宇宙中的一伙"强盗"，迟早要冲撞某个天体。但是与地球发生碰撞的一些彗星和小行星，也许因此而成为地球生命的创造者。很有可能是一颗彗星把大量的水带到地球，假若没有水，地球可能永远是一颗干燥的行星。

有科学家认为，无论是生命的诞生还是进化，彗星和小行星肯定发挥了至关重要的作用。最近在小行星中发现了有机分子，也就是构成生物的分子。这些最新发现使人不得不再次重新考虑阿恒尼斯于 1907 年提出的胚种假说，这种假说认为，正是彗星和小行星这样的天体在地球上播撒下了生命的种子。

这些天体有点像公共汽车，把有机物质，有时甚至是很复杂的物质，从太阳系的一颗行星运送到另一颗行星上，而且有人认为它们同时还带来了细菌。但是，巨大无比的陨星也造成了真正的自然灾难，真正是祸从天降。一方面，这些现象导致许多生物物种比如恐龙的灭绝，但恰恰也因此同时促进了生命形态的发展，例如恐龙的灭绝使哺乳动物繁衍得更快，然后是人类的兴盛。

有的生物，除了维持自身的存在之外，还能繁衍几乎和自己一样的后代。这种既保存自身又能复制自身的能力，构成生命和物质的本质区别，是生命得以延续的基础。然而，生命只不过是由像碳和氮这样普普通通的原子构成的，如此平常的元素却创造了千姿百态、五彩缤纷的大千世界。

太阳对地球的能量辐射引起地球上大气温度循环变化继而带来以水为载体的物质能量的循环运动，也就是我们所看到的春夏秋冬的气候循环变化，江河湖海的水蒸发形成云继而变为雨、雪、冰雹落回地面的水循环运动。我们称之为太阳能量辐射、地球气候变化和水循环运动，而地球生命就是在最初的水循环中诞生的。在1953年，美国科学家米勒等人在实验室里模拟了这个过程。

寒武纪海洋生物景观示意图

陆地生命出现的时间

在北大西洋一处曾为"热带天堂"的海滩上，考古学家发现了数千个神秘脚印，它们已经历了 3.7 亿年的漫长光阴。

尽管今天在北大西洋海滩上赤脚行走令人备感寒冷，但在 3.7 亿年前，这一地区曾位于赤道附近，是名副其实的"热带天堂"。

令科学家吃惊的是，长度从半英寸到手掌长不等的这些脚印都有 5 个脚趾。这一发现表明，动物在进化过程中能够适应陆地新生活的能力比我们先前所认为的要快得多。大约在 3.7 亿年前，为了躲避偶然的袭击，一些四肢动物从水中爬向岸边，但是这些动物的多数时间仍旧在水中度过。

3.7 亿年前的泥盆纪，由于气候的改变，各种生命形式的进化发生了质的飞跃。地球开始变暖，到处都是长满杂草的沼泽，大型蕨类植物繁茂。此时，昆虫和两栖动物开始在陆地出现。一些鱼在鳍和靠近头部的位置进化出坚硬的头骨和强健的肌肉，并逐渐演化成早期的肢体。

最早的陆地动物的化石显示，鳍进化为脚的过程中，最多出现过 8 个脚趾。在另一方面，这些曾经踏过北大西洋海岸的动物的脚全部都是 5 个脚趾，脚的"主人"们是离开水生活的两栖爬行动物和爬虫动物。

随着时间的远逝，有些鱼鳍开始进化成为类似今天动物四足的样子。它们是所有陆生脊椎动物的祖先。有了四肢，我们人类的祖先终于能够离开海洋，走上陆地开始新的生活了。

最早的四足动物出现在大约 3.7 ~ 3.5 亿年前的晚泥盆世，这些仍然保留某些鱼类特征的水陆两栖动物对于探索四足动物的起源具有重要价值，为人类了解我们的祖先是怎样从原始沼泽中爬出并来到陆地上生活的过程提供了最丰富、最直接的信息。从 1929 年瑞典和丹麦地质学家在冰天雪地的格陵兰岛东海岸发现第一件鱼石螈化石，到2000年美国古生物学家在宾夕法尼亚州旅游胜地克林顿县发现厚颌螈，全球已发现了9种泥盆纪四足动物，都分布在北美洲、欧洲和澳大利亚的6个地区。亚洲地区目前最早的四足动物化石记录只能推到2.6亿年前中二叠世，与四足动物起源问题关系最直接的泥盆纪四足动物化石，在中国、亚洲一直是个空白。

根据目前所发现的泥盆纪四足动物证据，可以认为，四足动物大概在3.7亿年前（晚泥盆世弗拉期）在欧美古大陆上起源，然后在一个较短的时间内沿热带——亚热带海岸扩散到澳大利亚和中国，在3.6亿年前鱼石螈类全球广泛分布。过去的空白只是由于泥盆纪四足动物化石的稀少，相信通过更大范围的地质调查与野外发掘，在亚洲包括中亚地区和华南有希望发现更多的泥盆纪四足动物化石材料。

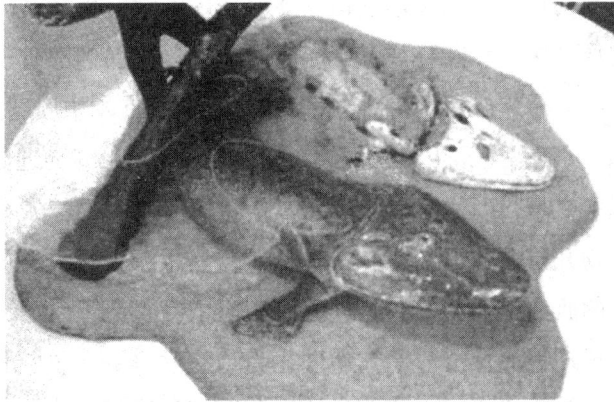

美国芝加哥大学演化生物学家尼尔·舒宾发现的具有 3.75亿年的历史的有脚鱼化石

太阳围绕银河系运转一周的时间

仰望夜空，首先看到的就是那条横贯天际的银河。古代人不知道那是什么，把它想象为天上的河流，甚至民间有"牛郎织女鹊桥相会"的传说。

1609 年，伽利略首次将望远镜对准银河，不禁大吃一惊，原本朦胧一片的光带变成无数闪烁的星斗。原来它是由许许多多恒星聚在一起组成的！

天空这么大，为什么这些恒星宁愿辛苦地挤在一起呢？最早对此做出解释的是英国天文学家赫歇耳。他在 1785 年提出，天上的恒星大概排列成类似"盘子"的形状。当我们朝银河望去时看到的恒星数量众多，是因为我们正处在与"盘子"边缘成平行的方向。赫歇耳由此断言，许许多多的天体形成了一个扁平的系统，它的长轴就在银河方向，并将此恒星系统称做银河系。

赫歇耳选择了银河系里一些有代表性的天区，数出其中恒星的数目以及亮星与暗星的比例，从而估算出银河系里总共大约有 1 亿颗恒星。他又从各个恒星的亮度级推断出银河系的直径是夜空中最明亮的天狼星距离的 850 倍，而厚度则是天狼星距离的 150 倍，首次描绘了一幅形状扁而平、太阳居于中心的银河系结构图。

后来，天文学家以恒星的表面温度为横坐标，它们的自身亮度为纵坐标，绘制了一张表明所有恒星自身亮度与其温度关系的图，取名为赫罗图。在此图上，大多数恒星落在从图中右下方到左上方的一条叫做主星序的区域内，主星序中心星称为主序星。沿主星序，恒星的表面越热，发射的光就越强。也就是说在主序星中，蓝色星比黄色星自身亮度大，黄色星比橙色星自身亮度大，而橙色星又比红色星自身亮度大。太阳就是主序星的一员。根据这种视亮度测定方法，能大致估算出恒星的距离。

1906 年，荷兰天文学家卡普丁对银河系进行过测量。根据他的估算，银河系的直径约为 2.3 万光年，厚度为 6 000 光年。后来，美国天文学家沙普利采用新方法来确定银河系疆域的大小。他认为，银河系形状像一块巨大的"凸透镜"，直径大约为 30 万光年。1926 年，荷兰天文学家奥尔特发现了银河系的自转和旋臂，计算出银河系中心引力的强度，从而估算出银心的质量比太阳质量大 1 000 亿倍以上。

现在，据天文学家们测算，银河系实际包含有约 1 000 多亿颗恒星，其中心距离我们 2.7 万光年，中心圆盘的厚度大约是 2 万光年左右，越向边缘处越薄，银河系的总直径只有 10 万光年。太阳系位于从中心到边缘三分之二的地方，围绕银河运转一周的时间约为 2.5 亿年。

英国天文学家赫歇耳

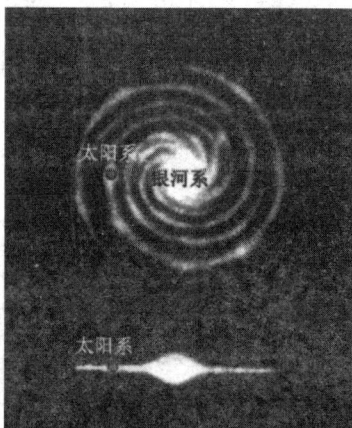

银河系

恐龙出现的时间

一提到恐龙，人们眼前就会浮现出一只巨大而凶猛的动物，其实恐龙中也有小巧温驯的小恐龙。恐龙统治了 3 个地质时代，总共 1.65 亿年。到了侏罗纪末期，非常庞大的蜥脚类成为了曾经在这个地球上存在过的最庞大生物。侏罗纪末期是它们统治地球的顶峰"黄金时期"，无论多样性、智力、体型上都远远凌驾于同时期的其他生物之上。这个地球历史上最传奇的物种究竟是如何出现，又是如何崛起的呢？

在恐龙出现以前，地球上已经出现蜥蜴类型的物种，它们的体型虽然比不上恐龙，不过与当时的其他动物相比，仍占有一定的优势。古生物学家相信它们就是后来出现的恐龙雏形。蜥蜴在三叠纪之前的几个地质时代——石炭纪已经出现。在那时出现了世界最早的爬行动物：西洛锡安蜥。到了恐龙出现之前的一个地质时代——二叠纪时，爬行动物的种类渐趋多样化，而且形状也开始接近最早的恐龙。二叠纪是一个比较干旱的时代，沙漠十分常见。在同一个时代，像基龙和异齿帆背龙一类群体生活的蜥蜴活跃在沙漠的绿洲。在二叠纪晚期，生物的演化出现了两个不同的趋势，而两个趋势都对地球的历史有深远的影响。其中一种趋势诞生了恐龙，另一种趋势诞生了哺乳类动物。

恐龙出现于 2.5 亿年前，并繁荣于 6 500 万年前结束之中生代。在二叠纪时期，真正的恐龙要正式登场了。恐龙属脊椎动物爬虫类，中颈及尾皆长，后肢比前肢长且有尾。其中有些恐龙好食肉，有些恐龙好食草，体型巨大，可以说是陆生动物中的最大者。

恐龙在某一时期突然消失，成为地球生物进化史上的一个谜，这个谜至今仍无人能解。地球过去的生物，均被记录在化石之中。中生代的地层中，即曾发现许多恐龙的化石；其中可以见到大量的呈现为各式各样形状的骨骼。但是，在紧接着的新生代地层中，却完全看不到恐龙的化石，由此推知恐龙在中生代灭绝了。关于恐龙绝种的真正原因，自古以来即众说纷纭。恐龙与我们人类相比实在是太大了，它们为什么会长那么大呢？恐龙的种类如此繁多，样子千奇百怪，恐龙家族到底有多少成员？曾经浩浩荡荡、生气勃勃地生活在地球上的恐龙为什么突然从地球上消失了？这些谜团永远吸引着我们去探索、去求知。

科学家们经过不懈的努力，研究了到目前为止可能发现的所有线索，提出了各种理论解释恐龙绝灭现象。但是到目前为止，关于这个大绝灭的原因仍然还没有找到最终的答案。

发现于重庆合川的马门溪龙

哺乳动物出现的时间

哺乳动物是高级的脊椎动物，其主要特征是胎生和哺乳，以及相当发达的脑神经细胞。胎生使子代可以在母体中停留更长的生长期，这对哺乳动物的子代从母体获取更多的生存信息是非常重要的。哺乳使子代可以从亲体（包括母亲、父亲以及群体其他成员）得到更长时间的学习期，这对哺乳动物的子代提高智力水平是极其重要的。哺乳动物的脑神经细胞，具有相当强大的信息处理功能，这标志着它们拥有发达的神经元智力系统。大约在1.8亿年前，地球上出现了最早的哺乳动物，犀牛、马和大象的祖先先后出现。在新第三纪中新世和上新世两个时期，哺乳动物开始现代化，最明显的表现是奇蹄类开始衰退，偶蹄类进一步繁荣起来。

哺乳类起源于古代爬行类。大约距今1.8亿年，在中生代三叠纪的末期，从一些比较进步的兽形爬行动物分化出最早的哺乳动物，其起源时间此鸟类还要早（最早的鸟类化石出现在侏罗纪）。早期的哺乳动物个体都很小，数量也少，和当时在地球上占统治地位的恐龙类相比是渺小的。但是这些原始的哺乳动物，在体形结构上具备比爬行动物高级的特点，当进入新生代的时候，大多数爬行动物灭绝了，而这些代表着新生力量的哺乳动物得到了空前的发展。在生物史上，新生代被称为"哺乳动物时代"。

哺乳动物虽然起源于爬行动物，但与现代爬行动物相比有着很大的区别。早期哺乳类（似爬行类的哺乳类）和朝着哺乳动物方向发展时的早期爬行类（兽形爬行类）之间不容易分清，这种"中间环节"可以反映出由爬行类进化到哺乳类的中间过渡。兽形爬行类（或称似哺乳类的爬行类）分为两支：一支称盘龙类，是一类原始类型，化石大多产在北美，出现于石炭纪末期，至二叠纪绝灭；另一类称兽孔类，是从盘龙类进化来的，代表进步的类型。

它们的化石分布于各大陆。兽孔类后裔中的一支更具有进化上的意义，即兽齿类，它们朝着直接导致哺乳类的方向发展。

我国云南碌丰地区晚三叠纪地层中发现的闻名世界的卞氏兽，在构造特征上更加接近哺乳类，甚至最初曾一度被列入兽类，只是由于它的下颌骨不像哺乳类那样由单一的齿骨组成，还有退化的关节骨和上隅骨等残余成分，后来还是被公认应归入爬行动物，可以说是最接近哺乳类的爬行动物。目前比较一致地认为哺乳动物是多系起源的，从似哺乳类的爬行类中某些更早期的、少特化的种类中产生出哺乳动物来。

哺乳动物的进化包括三个适应辐射阶段：第一个阶段是中生代侏罗纪，这个时期的原始哺乳类分为多结节齿类和三结节齿类两大类；第二个阶段是中生代白垩纪，在这个时期有袋类和有胎盘类出现了，多结节齿类仍生存着；第三个阶段是新生代，在这个时期有袋类和有胎盘类得到了空前大发展，而多结节齿类则开始绝灭。

1.25 亿年前的哺乳动物 Yanoconodon 的复原图

全球石油尚可供开采的时间

公元 2050 年后，人类将没有石油可用，这是杞人忧天还是警钟长鸣？

人类的生产与生活离不开能源。早在史前时代，人们就用火来烧煮食物和取暖。此后直到 18 世纪初，人类利用的能源主要是燃烧木柴和秸秆。蒸汽机的出现推动了工业革命，促进了煤炭的大规模开采；到 20 世纪 20 年代，煤炭在世界能源消费结构中占 60% 以上。19 世纪 70 年代，内燃机逐步取代了蒸汽机，促进了石油开采量的提高。1870 年，全世界只生产了大约 80 万吨石油，而到 1900 年已猛增到 2 000 万吨。电力工业迅速发展，使煤炭在世界能源消费结构中的比重逐渐下降。1965 年，石油首次取代煤炭占居首位，世界进入了石油时代。如今，石油在世界能源消费结构中的比重越来越高，约占 38% 以上，天然气和煤炭各占 18% 左右。

煤炭、石油和天然气都是远古森林植物的遗骸被掩压在地下深层中，受到高压和高温作用，并经过漫长的地质年代而形成的，故称为化石燃料。它们的储量并非是无限的，一旦被燃烧耗用后不可能在短时间内再生，用一点便少一点，因此又被称为不可再生能源。大量使用化石燃料还导致了生态环境日趋恶化、运力紧张、地区冲突，以及全球变暖等严重问题。

从地球的资源储量来看，现在全世界煤炭已探明资源总量约为 10 万亿吨，石油为 1 800 亿吨，天然气为 181 万亿 m^3。以目前的开采速度计算，全球石油储量仅可供开采 40 年，天然气和煤炭则分别可供开采 65 年和 162 年，由此造成了能源价格飞速上涨。

中国属于人均化石燃料资源储量较少的国家，不到世界平均水平的一半，石油仅为 1/10。截至 2006 年年底，全国石油剩余经济可采储量仅为 20.43 亿吨，天然气为 2.449 万亿 m^3，煤炭约为 1 万亿吨。随着我国经济的快速发展和人民生活水平的不断提高，我国年人均能源消费量将逐年增加，正日益面临化石燃料匮乏乃至枯竭的境地。

然而从地球蕴藏的能源总量来看，自然界存在无限的能源。仅就太阳能而言，每年太阳辐射带给地球的能量就相当于130万亿吨煤燃烧放出的热量，大约为全世界目前年消耗能量的1万多倍，按目前太阳的质量消耗速率计，可维持600亿年；此外，还有数量巨大的风能、水能、海洋能、生物质能等，这些能源均来自太阳，可以重复产生，因而又被称为可再生能源。另外，核能、可燃冰、地热能等也都是很有开发潜力的能源类型。

我国新能源与可再生能源资源丰富，其中水力的可开发装机容量为3.78亿kW，居世界首位；可开发利用的陆地风能资源约2.53亿kW，近海可开发利用的风能储量有7.5亿kW，共计约10亿kW；地热资源的探明储量相当于31.6亿吨煤；太阳能、生物质能、海洋能等储量也都属于世界领先地位。中国已制定出未来30～50年的能源战略规划，鼓励发展新能源和可再生能源。

近海石油开采

航天员在空间站上最长的飞行时间

从 20 世纪 60 年代起，人类开始涉足太空。但航天员乘坐载人飞船，在太空一般只能连续停留几天，因为飞船上的空间有限，无法携带过多的供应物资。如果想长期居住在太空，则必须使用空间站。

空间站也称轨道站或航天站，由于体积较大，一般都设计成组合式结构，由中心构架和一系列对接舱、气闸舱、轨道舱、生活舱、服务舱、专用设备舱和太阳能电池帆板等组成，每个舱段都有几个载人飞船那么大，因此需要运载火箭多次发射或航天飞机多次飞行，把空间站的组合构件运送到轨道上组装而成。也有人设想将未来空间站设计成充气式，发射前卷起来减小体积，升空后充气恢复原状，这样只需要发射一次就够了。

空间站内部一般设有仪器室、控制室、实验室、航天员卧室、餐厅、卫生间等，舱内形成和地球压力、温度、湿度等地面条件相同的人造环境，供航天员工作、居住和休息、娱乐，航天员还能洗澡、散步、锻炼身体、看电视，以及与家人朋友通过可视电话聊天等。

空间站扩大了人类开发太空资源的范围和规模。它利用太空超微重力、超洁净、超真空、超无菌以及超阳光辐射等地面所不可能具有的环境条件，使航天员可以长期从事天文观测、地球资源勘测和国土普查、大地测量和天气预报、生产新材料的试验、医学和生物学研究、高纯药物生产试验、军事侦察、天基战略武器的实验等。

1971 年 4 月，前苏联发射了世界上第一个小型实验性空间站"礼炮 1号"，由轨道舱、服务舱和对接舱组成，总长约 12.5 m、最大直径 4 m、总重量约 18.5 t，可居住 6 名航天员，在太空总共运行了 6 个月。到 1985 年，前苏联共发射 7 个"礼炮"系列空间站。

美国在 1973 年 5 月发射了名为"天空实验室"的第一个试验性空间站，全长 36 m、直径 6.7 m、重 82 t。1979 年 7 月完成使命后坠入大气烧毁。

1986 年 2 月，前苏联发射了"和平号"空间站，也是世界上第一个长久性空间站，轨道高度 300~400 km。空间站全长 87 m，其核心舱有 6 个对接口，2 个用于对接的运输飞船，4 个用于对接的其他专用舱体，包括"联盟号"载人飞船在内，总重 123 t，创下了航天员在空间站上最长 366 天的飞行纪录。该空间站原设计寿命 5 年，到 1999 年实际在轨工作 12 年，取得了丰硕的研究成果。

由美国牵头，俄罗斯、加拿大、日本、巴西和欧洲航天局等 16 个国家参与，从 1998 年 11 月起开始合作建造的国际空间站，共有 12 个舱段，总长 108 m、宽 88 m、总重量约 423 t，轨道运行高度为 397km。不过，由于经费问题以及美国航天飞机因技术故障升空时间屡次延后，国际空间站迄今也没有完成建成。

中国下一步也将发展自己的空间站。

前苏联"和平号"空间站

国际空间站

母亲怀孕时间

精子穿入卵子的一瞬间即为怀孕，来自父母双方的基因的重组意味着一个全新生命的诞生。

人类正常的妊娠时限大约是40周，医学上常以最后一次月经的第一天为计算预产期的开始时间，正常的怀孕时限大约是265天左右（从卵子受精的那一天开始计算），排卵是在月经的中期，所以40周（280天）妊娠比实际卵子受精开始计算的怀孕时间多2周。妇女的月经若以28天为一个周期，那么280天妊娠即相当于10个孕月（28天为一个月经周期）或10个月经周期的时间，故有"十月怀胎"之说法。预产期只是一种估计值，实际分娩时间往往与预产期有1~2周的出入。

胎儿在母亲身体里每天都在发生变化。

第1月：受精卵在输卵管内运行途中发生多次细胞分裂，受精卵经过六七天的运行到达宫腔埋入子宫内膜。胎儿的脑部、眼睛、嘴巴、内耳、消化系统、手、脚开始发育，心脏亦开始跳动，但此时尚未具备明显的胎儿样。

第2月：胎儿样逐渐形成。胎儿的面部、肘、膝部、手指及脚趾开始成形，骨骼开始强健。

第3月：牙齿、嘴唇和生殖器开始发育，人的基本结构开始形成。

第4月：头发、眼眉、睫毛、指甲、趾甲开始生长、声带及味蕾亦已长成。

第5月：胎动愈来愈强烈，胎儿已长出头发，身体各部分的器官逐渐成长。

第6月：胎儿已可以开闭眼睛和听到母体内的声音，手印和脚印亦已形成。

第 7 月：胎儿的皮肤呈红色，略带皱纹。

第 8 月：胎儿日渐长大，骨骼更为强健，已可听到母体外的声音。

第 9 月：胎儿发育已达完成阶段，皮肤软滑。它的位置下移至下腹部，并且转身，准备诞生。

第 10 月：胎儿皮下脂肪丰富，皱纹完全消失，体形变胖。母亲的免疫抗体传送给胎儿。此时分娩后的胎儿能立即进行呼吸、调节体温、吸乳等，具有适应外界生活的能力。

母亲在怀孕后，特别是怀孕早期，常常出现食欲不好、偏食、轻度恶心、呕吐、全身无力、头晕等现象。这些反应一般在清晨稍重，多数对正常生活没有多大的影响。

肚子中的胎儿发育所需要的营养都要靠母亲从食物中获得，母亲孕期饮食质量重于数量。特别是要保证从食物中均衡地摄取铁、蛋白质和钙。其中钙的需要量为每天 900 mg，是怀孕前的 1.5 倍；铁的需要量为每天 20 mg，是怀孕前的 1.6 倍。但是过多地摄入富含单一维生素或微量元素的食物，如富含铁的肝脏，有可能导致某些物质，如维生素 A 过剩症。

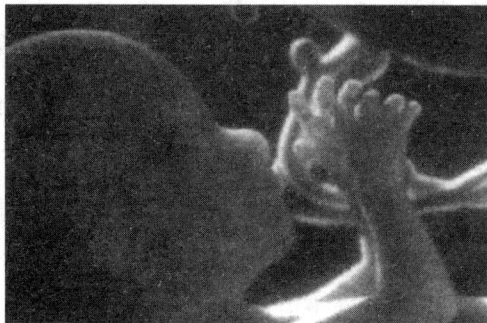

13 周左右的胎儿

美国新型核动力飞船从地球抵达火星的时间

人类已经进入了航天时代。从地球前往其他行星需要多长时间呢？

以目前最先进的技术手段，飞船从地球飞往金星需要至少163天，飞往火星需要大约7个月，飞往土星则需要历时7年。即使是人类有史以来速度最快的"新地平线号"飞船，以13 km/s的第三宇宙速度，而且途中还借助木星的巨大引力进行加速，也需要飞行11年时间才能到达冥王星。而数十年前发射的"先驱者"10号、11号和"旅行者"1号和2号飞船，至今仍未完全飞出太阳系。如果是在星际空间旅行，即使是最近的半人马座α星（比邻星）离我们也有4.4光年，如果有谁打算乘坐目前的探测飞船前往，终其一生也到达不了。

遥远的距离是人类实现宇宙探索航行所要克服的最大难题之一，解决难题的首要办法是提高飞船推进火箭的速度。目前使用的化学燃料火箭不是星际旅行的合适工具，人们开始把目光投到其他推进方式上，希望能够找到一种质量小、作用时间长和高效能的空间动力能源，使推进火箭的速度大大提高。

目前，世界各国科学家们已经提出了不少设想和方案，如电离子推进、太阳帆、微波激光帆、磁等离子体火箭、航天空气喷气发动机、光子火箭、反物质火箭等，有的比较具体，有的则还仅仅是设想甚至幻想。其中，最有现实意义的当属太空核动力，即飞船发动机利用核裂变或核聚变反应堆产生的能量转换成推力，推动飞船飞行。这种神奇的推进方式的优点在于就一给定数量的燃料，它们能释放出巨大的能量。聚变推进系统理论上每千克燃料能够产生出100万亿焦尔能量，比当今飞船的火箭推进器高1 000万倍。

2003年1月，美国航空航天局开始实施"普罗米修斯"计划，目标是研制一种新型核能动力飞船，时速可以达到 8.7 万 km，大约是目前常规飞船速度的 3 倍，以完成未来前往月球、火星甚至太阳系外的任务。这种核能动力飞船能够在 60 天内从地球抵达火星。

根据计划，新开发的太空核裂变反应堆动力系统和太空核电源系统将在 2008 年前后执行技术演示任务，然后将首先应用在"木星冰质卫星轨道飞行器"的探测任务中。此外，这种核动力系统还将用于月球物理轨道器、新一代火星无线电通信站、近地轨道小行星计划、金星轨道器、天体物理学计划和火星探测计划上。例如，2008 年发射升空的"火星科学实验室"是一个大型火星漫游车，它不仅重量远远超过"勇气号"与"机遇号"火星车，而且执行使命的时间也超过了它的前辈，这就需要它具有超常的能量系统，美国航空航天局为该火星车设计了核动力系统作为能源。

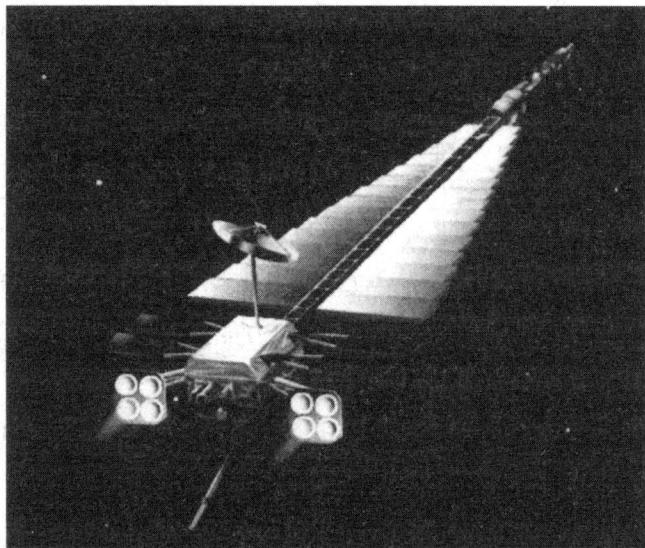

美国正在研制的"普罗米修斯号"太空核动力木星探测飞船

男性婴儿睾丸形成的时间

睾丸来源于肾体内侧的性腺始基。在男性生殖腺的形成方面，主要决定于原始生殖细胞上有 Y 染色体。当其到达生殖嵴后，经过约 6～7 周（约 56 天）形成睾丸索，继而形成睾丸纵隔。睾丸纵隔的结缔组织向生殖细胞索之间延伸形成睾丸小隔，将睾丸分为约 200 个小叶，每叶内的生殖细胞索分化成数条曲细精管，再进一步分化为直细精管和睾丸网。4 个月时逐渐成熟并随着米勒管开始自后腹膜盆骨方向下降。生殖腺的位置原在腹腔后上方，在胚胎期生长迅速，生殖腺逐渐下降。到胚胎后期，18 周时已移到骨盆边缘。到第 6 个月时睾丸已在腹股沟管上口，从第 7 个月开始，沿腹股沟管下降，到第 8 个月时降入阴囊。大约在胚胎 7～9 个月时，睾丸可降入阴囊中。但由于某些因素的影响，少数胎儿至出生时睾丸仍未降入阴囊，而滞留于腹腔或腹股沟的某个部位，这种情况称之为隐睾或睾丸下降不全。阻碍睾丸下降的原因有精索过短、腹膜后纤维性粘连、垂体功能不全、睾丸引带终止不正常或腹股沟发育异常等。

睾丸是男性生殖腺，位于阴囊内，左右各一。由精索将其悬吊于阴囊内，长约 4～5 cm，厚约 3～4 cm，各重 15 g 左右。睾丸是微扁的椭圆体，表面光滑，分内、外侧面，前、后缘和上、下端。前缘游离，后缘有血管、神经和淋巴管出入，并和附睾和输精管下段（睾丸部）相接触。

睾丸表面有一层厚的致密结缔组织膜，称白膜。白膜的内方为疏松的结缔组织，内有丰富的血管，称血管膜，其中含有较多的血管。睾丸的白膜在其背侧增厚，并向睾丸内陷入，构成睾丸纵隔。由睾丸网发出 12～13 条弯曲的小管，称睾丸输出管，它们穿出白膜进入附睾头中。曲细精管之有间质细胞可以分泌雄性激素，促进男性生殖器官和男性第二性征的发育及维持。曲

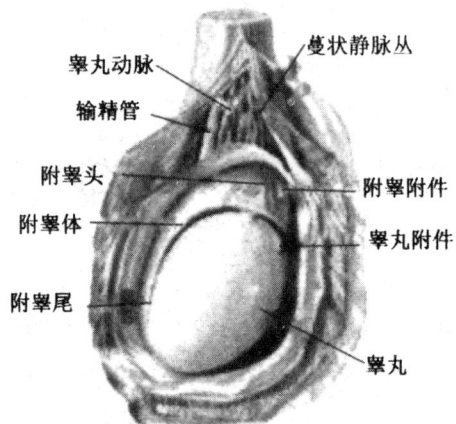

人类睾丸

细精管上皮细胞具有产生精子的作用，曲细精管互相结合成直细精管，是精子输送的管道系统，最后汇集、合成一条管进入附睾头部，通过输精管排出体外。

睾丸的生理作用众所周知，是产生精子和雄性激素的唯一器官，决定着孩子长大成人后是否具备正常的性功能和生育功能，影响孩子的一生。睾丸随着性成熟迅速生长，老年人的睾丸随着性机能的衰退而萎缩变小。

地球自转 1 周的时间

古人相信大地是不动的，日月星辰都在围绕着大地旋转。直到哥白尼发表日心说后，中世纪欧洲一些学者仍因主张地球转动的观点而被宗教法庭判罪。其中最著名的是伽利略，他在晚年，一直被软禁，并不得不表示"忏悔"。

尽管此后人们逐渐改变了有关地球固定不动的观念，但是直到 1851 年，法国物理学家傅科才首次用实验证明了地球的自转。他在巴黎荣军院的圆顶大厦内安装了一个长 67 m 的巨摆，摆的底部有一枚细长的尖针，并在摆针的下方安置了一个沙盘。

按照惯性原理，在没有外力作用下，摆针应该始终在一个固定不变的方向来回摆动。然而人们却看到，摆针在沙盘上划出一道道的痕迹，这些痕迹沿顺时针方向缓缓移动。实验向人们证明，摆动方向发生顺时针移动是由于观察者所处的地球正在逆时针移动。摆针的移动方向在北半球是顺时针的，在南半球是逆时针的，在赤道上摆动方向则不转动。纬度越高，移动速度越快。在巴黎所处的北纬 49 度的地方，需要 31.8 个小时方能移动一周；而在南极和北极，摆针移动一周的时间需要 24 小时，恰好是地球自转一周的时间。

当时人们已经比较准确地计算出地球赤道的周长约为 4 万 km。在赤道地区地面移动得最快，速率达到每小时 1 000 多 km，即每秒约 500 m，相当于子弹出膛时的速度。但人们却没有一丝感觉，这是由于在惯性的影响下，周围的物体都跟随地球高速转动的结果。

但是旋转越快，离心力就越大，也就是说，把物质推离旋转中心的趋势越强。这意味着，地球的赤道附近应该向外鼓得最厉害，而两极地区则呈扁

傅科摆

平状，换句话说，地球的形状应该是一个扁椭球体。其实早在 200 年前，牛顿就已注意到这种现象，甚至还计算出两极的扁平度应约为地球直径的 1/230，这同真实情况非常接近。

地球的自转带来了许多影响。例如空气是随着地面的运动而一同运动的，如果有一个气团从赤道向北移动，那么它在赤道上空随地球转动的速度就会超过它所移向的那个地区的地面运动速度。于是，它就会不断超越从西向东运动的地面，向东流动。这种效应使得气团在北半球沿顺时针方向回转，形成气旋扰动，造成热带风暴。每年夏季，北大西洋都会有飓风袭击北美地区，而在北太平洋上则形成台风，袭扰东亚地区。

"神舟5号"载人飞船飞行时间

设计制造载人飞船进入太空，目前世界上只有俄罗斯、美国和中国能够做到。

载人飞船又称宇宙飞船，是指能携带航天员在太空生活和工作并返回地面的航天器。1961年4月12日，前苏联发射了世界上第一艘载人飞船"东方1号"，加加林成为世界上第一位进入太空的航天员，用了108分钟绕地球运行一圈后安全返回地面。第二年，美国也发射了载人飞船"水星6号"，航天员格伦绕地球飞行3圈，历时4小时55分。

中国从1999年11月起，连续进行了4次"神舟"系列飞船的无人飞行与返回实验。2003年10月15日，载有中国第一位进入外太空的航天员杨利伟的"神舟5号"载人飞船顺利发射升空，经过21小时的飞行，共绕地球14圈，于次日成功着陆返回地面。2005年10月12日，载有航天员费俊龙和聂海胜的"神舟六号"载人飞船顺利发射升空，共飞行115小时32分钟，绕地球77圈，航天员按计划完成了预定的空间飞行实验，于6日后成功着陆返回地面。

2008年10月，中国还将进行"神舟7号"飞船载人飞行，共有3名航天员一起升空，停留在太空的时间将更长，其中一名航天员还将出舱进行高难度的太空行走。

"神舟"系列载人飞船的结构分为3个舱段，包括仪器设备舱、轨道舱和返回舱。仪器设备舱内有各种飞船航行和轨道变更所需的推进装置、燃料、电力和控制仪器等，外部装有太阳能电池板。轨道舱是航天员在太空飞行中进行科学实验的地方，舱中有观测仪器和通信设备。航天员可以穿上太空服，通过密封舱门来到舱外，此时以一根长长的"脐带"将航天员与飞船系在一起，提供所需要的氧气、压力、电力等。航天员背负着喷气机动装置，通过控制喷气管的方向和推力进行"太空行走"。

返回舱是航天员在太空飞行中睡觉和休息的地方，直径2.5 m，超过了俄罗斯正在使用的"联盟号"飞船2.2 m的直径，是目前世界上载人飞船中最大的，可同时容纳3名航天员。在飞船起飞阶段，航天员坐在返回舱中，舱内有仪表和控制装置，航天员可以监控飞行情况并用手控调整飞行姿态。当飞船完成任务准备返回地面时，航天员进入返回舱，然后与仪器设备舱和轨道舱分离，变更轨道进入大气层，通过与大气剧烈摩擦产生的高温"热障"，在距地面十几千米处释放降落伞降低速度，最后安全返回地面。而仪器设备舱和轨道舱仍可留在太空运行一段时间，从事无人对地观测和开展科学实验。它们最终会因失去动力而坠入大气层焚毁。

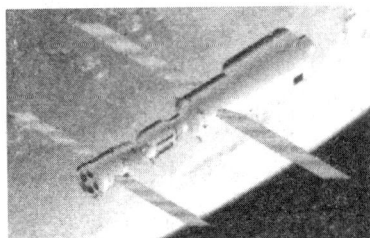

中国"神舟号"载人飞船

"神舟号"飞船返回舱

人的工作与睡眠时间

8 小时，是我们最熟悉的一个时间段了，因为我们通常每天会工作 8 小时，睡觉 8 小时。

如果你夜里没有充足的睡眠，也用不着格外担心，因为这样的人很多。据资料，40% 的美国人在白天感到很疲劳，这种疲劳干扰了他们的日常活动。一个人究竟需要多少睡眠时间？作为一种普遍的原则，多数成年人在每两次醒来之间需要一小时睡眠，因此很多睡眠专家使用 8 小时睡眠标准。

如果我们的睡眠时间少于需要的，我们的身体就开始欠睡眠债了。公式是这样的，如果你每天只睡 6 小时，你则欠 2 小时的债，如此两个晚上或 4 小时的债可以使你更加易怒。如果 5 天都缺觉——比你所需的少 10 个小时，超过整晚的睡眠时间——可以增加发生疾病的几率，如咳嗽和感冒。

超额的睡眠债会增加你出现事故的风险，无论是像在咖啡桌磕了一下腿一样微不足道还是你的车在高速公路上失事一样严重。

可能有人认为他们可以用打盹或周末睡懒觉的方式弥补睡眠。虽然尽可能地用小睡来弥补会有点帮助，但你这个星期的表现很有可能不是最佳的。另外，周末熟睡可能打乱你下一周的睡眠周期。每天定时睡觉和起床对你的身体更有好处，即使在你不上班的时候。让你的睡眠债一周一周地积累，最终意味着你永远不能完全摆脱它。

凡能使你第二天达到精力旺盛的状态所需的时间就是你自己需要的睡眠时间。世界上有一些例子显示某些人每天睡 3~4 小时就够了，如爱迪生、拿破仑、撒切尔夫人等，这些人被称为短睡者；也有每天睡 9~11 小时的人，如爱因斯坦等，称为长睡者，人群中这两者比例不多，只占人群中的 1%~3%。

　　组织通过睡眠来清理每日的细胞残核和产生新细胞，可使身体精力旺盛。你的身体堪称一座办公楼，每晚清洗大楼运走垃圾，为第二天整理好一切。如果行政人员工作了一晚上，清洁人员什么时候进去打扫呢？第二天办公楼仍然杂乱无章。但是不管愿不愿意公司都要照常营业。如果这些行政人员工作到很晚，清洁工作就无法开展，大楼的老化就会加速。我们常常吝惜睡眠时间，沉迷于一些深夜狂欢，低睡眠的生活方式实际上会加速衰老。

　　我们生活在一个24/8的世界，睡眠需要时间。没有睡眠我们不能生存，它就像食物和水一样，是生命最基本的要求之一。

　　我国宪法规定，国家规定职工的工作时间制度。劳动法第36条规定，国家实行劳动者每日工作时间不超过8小时，平均每周工作时间不超过44小时的工作制度。这样，劳动者的休息权得到法律保障，有利于提高工作效率和劳动生产率。

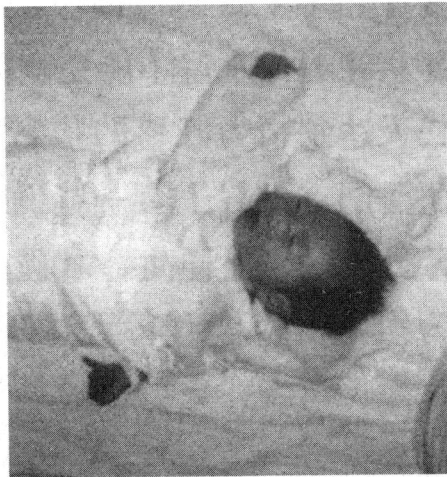

刚出生时的婴儿大部分时间在睡眠

首批战场机器人士兵最长运转时间

很久以前就有人发表科幻小说，想象未来的机器人士兵作战场景。如今这个幻想已经成为现实。

由于近年来自动化技术的飞速发展，也由于美军在伊拉克战争中士兵损失惨重，为了平息美国公众日益高涨的反战情绪，同时为了节省人员成本，美军开始设想研制武装机器人，替代或协助士兵打仗。

2005 年 3 月，18 个名为"利剑"的遥控战场机器人士兵首次加入美军在伊拉克的数字化部队。这些机器人士兵每个约重 50 kg，高约 0.9 m，配备一挺机枪，外加可精确瞄准的步枪与火箭弹发射器，能够连续向敌方发射枪弹及火箭弹，每分钟能发射 1 000 发子弹。每个机器人拥有 4 台摄像机、夜视镜等光学侦察和瞄准设备，射击命中率几乎可达到百分之百。

这些机器人士兵主要负责观测、侦察以及辅助士兵作战，采用履带式行走机构，最快行走速度达到 8.5 km/h，以锂电池作为能源，远程操纵距离最远至 0.8 km，最长连续运转时间为 4 h。它们将成为美军历史上第一批参加与敌方面对面实战的战场机器人。

战场机器人技术起源于工业机器人和自主车辆技术。美国于 1984 年开始研制第一台地面自主车辆，可以在无人干预的情况下自己在道路上行驶。1992 年，美国研制出时速 75 km 的自主汽车。尽管目前仍有许多技术难题未得到解决，但地面自主车的研制大大推动了智能机器人的发展。

2000 年，美国国会通过一份提案，要求 10 年内美军三分之一的地面车辆和三分之一的纵深攻击战机实现机器人化。美国前国防部长拉姆斯菲尔德首次提出以"未来作战系统"主宰 21 世纪战场，即将士兵与各种作战平台、火力支援系统、传感器和指挥控制系统等相连的集成系统，系统以战场互联网为纽带，将各种非直瞄火炮、非直瞄发射系统、无人地面传感器、无人战车以及无人驾驶侦察和作战飞行器，以及武装战场机器人等串联在一起。机器人部队将成为该系统以及美军转型部队的关键部分。一支典型的未来作战部队应该包括2 245名人类士兵和151名机器人士兵。

这些机器人士兵可分5大类，包括猎杀机器人，侦察建筑、隧道、洞穴的机器人，能搬运数吨弹药等物资并执行侦察任务的机器人，飞行机器人——能够执行精确轰炸任务的无人驾驶飞机，最后一种是能够发射无人驾驶飞机的机器人。

机器人士兵时代即将来临，21世纪将是一个广泛使用军事机器人技术系统的世纪，军队机器人化正在成为战场上的现实。

"利剑"机器人士兵

一天中太阳经过地球一个时区的时间

　　根据考古发现，古巴比伦人和古埃及人早在 5 000 年前就已经开始测量时间，他们采用历法来组织和协调公共活动和公众事务，决定农作物的种植和收获日期。当时人们是以太阳日复一日的升起、月亮周期性的圆缺以及四季有规律的重复变化来计量时间的，分别称为日、月和年。古埃及人最早制定了历法，根据天上的 12 个星座，将一年划分为 12 个月，每个月有 30 天，另加 5 天为一个太阳年。古埃及人还发明了计时系统，将每天的白昼与黑夜各划分为 12 个相等的时间间隔，并将日晷盘面刻度分成两个 12 等分的小时。这一方法后来被希腊人及罗马人所继承。

　　历史上，古代东方和西方分别独立发明了日圭、日晷、刻漏和水钟等原始计时装置，通过观测日影的移动或水的滴漏来计量时间。古代中国人将每昼夜分为 12 个时辰，1 个时辰相当于今天的 2 个小时，每个时辰分作 8 刻，1 刻相当于现在的 15 分钟。

　　中世纪西方各国都将一天划分为 24 个小时，但计时起点不同。阿拉伯人从日出开始计时，意大利人从日落开始计时，法国和德国人从午夜开始计时，英国人则从正午开始计时。1283 年，英国工匠发明了利用重力驱动的机械钟。当时教会要求人们必须严格遵守所规定的祈祷时间，但直到 14 世纪中期，欧洲各国才在教会的协调下，统一规定从午夜开始计时。

　　1675 年，英国建立了格林尼治皇家天文台，使用新式时钟测量了恒星跨越天体子午线的准确时间。与以往仅使用六分仪测量天体角度的方法相比，新式时钟能够让海员更为精确地确定恒星的位置，准确测定船舶在茫茫大海中的经度。

　　到 17 世纪下半叶，航海业和欧洲城市商业的发展促进了计时设备的不断改进，人们发明了摆钟，并在钟表盘上首次标识了分和秒的刻度，每小时等分为60分，每分钟等分为60秒。18世纪，法国曾大力推广十进制，将一天分为10小时，每小时100分钟，每分钟100秒，但仅仅实行了1年多便因人们的普遍反对而不得不废弃。

19年世纪中期，由于铁路运输需要统一的时刻表来安排列车的运行，美国建立了第一个全国报时系统，以哈佛大学天文台的时钟为基准，通过电报随时向铁路公司告知精确的时间。随后，英国皇家天文台也开始了统一标准时间的报时服务。

1884年，在美国首都华盛顿召开的国际子午线会议上，各国代表一致决定将地球划分为24个时区，每个时区1小时。由于当时全世界三分之二的海运船舶采用格林尼治时间进行导航计时，因此确定将经过英国格林尼治皇家天文台的零度经线作为本初子午线，在全世界范围建立了统一的标准时间。

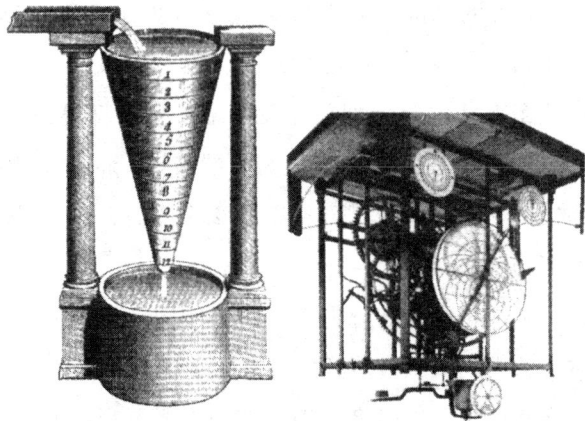

早期的水钟 14世纪英国修道士制作的机械钟

中子的平均寿命

现在连小学生都知道，原子核由质子和中子组成。当初人们是怎么发现中子的呢？

1919 年，英国科学家卢瑟福首次发现原子核中的质子。当时人们猜测，原子核是由电子和质子组成的，电子和质子碰到一起会发生湮灭，它们的质量会转化为 α 和 β 辐射能量。但卢瑟福不赞成这种观点。他认为原子核所带正电数与原子序数相等，而原子量却比原子序数大，这说明如果原子核仅由质子和电子组成，它的质量是不够的，因此原子核中可能还存在一种不带电荷的中性粒子。

1929 年，德国科学家波特在用 α 粒子轰击铍原子核时，发现产生了一种未知辐射，贯穿能力极强，能穿透几厘米厚的铅板。他误认为这是 γ 辐射。两年后，居里夫人的女儿和女婿约里奥·居里夫妇在用放射性钋源所产生的 α 射线轰击铍时发现，这种"铍辐射"居然能够将含氢物质中的质子撞击出来。但他们没有深究，错失了这一良机。

卢瑟福的学生查德威克重复了这一实验，发现所谓"铍辐射"其实是一种高速不带电荷的粒子流。经过测量，发现它具有和质子几乎完全相同的质量，证明它就是卢瑟福所预言过的中性粒子，取命名为"中子"。

他发现除了铍在 α 粒子轰击下能发射中子外，硼、锂也能放射中子。由此可知，中子确是组成原子核的又一个重要粒子，它的平均寿命只有 17 分钟，然后就会放出电子变成其他粒子。查德威克因此项发现而荣获 1935 年诺贝尔物理学奖。

1932 年，德国青年物理学家海森堡根据物理学的一些原理，指出原子核里不可能有电子；他认为原子核是由质子和中子组成的，电子只在核外面运动。这种原子核模型很容易解释元素周期表和同位素，因而被科学界广泛接受，成为我们今天所熟知的常识。

意大利科学家费米对中子引起的核反应进行过不少研究，他在1934年成功地进行了以中子轰击方法产生人工放射性的实验，发现了慢中子效应，因此获得1938年诺贝尔物理学奖。1938年，德国科学家哈恩等人发现中子会诱发核裂变，由此人们发现了原子核的结合能，最终导致1942年世界上第一座核反应堆的建成和原子弹的诞生。

中子辐射在其他方面也得到大量应用。科学家用反应堆或医用粒子加速器产生的中子束流治疗癌症病人，或用中子辐射方法产生人工放射性同位素，对病人进行放射性诊断和治疗，治愈了成千上万的肿瘤患者。此外，还出现了中子活化分析、中子掺杂生产半导体器件、中子辐照育种、中子探伤、中子照相、中子测井等先进技术，广泛应用于材料、生命科学、资源勘测、环境监测、农业增产等领域。

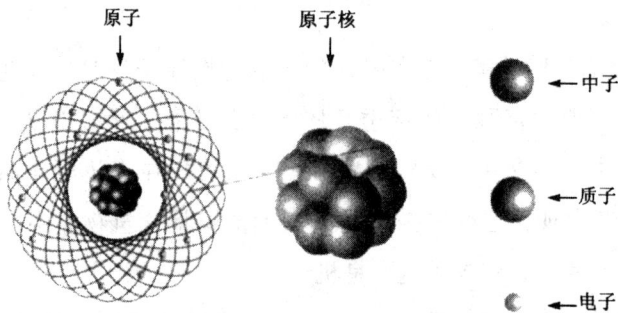

原子　　　原子核

中子

质子

电子

原子的结构

赖特兄弟飞机首次飞行时长

人类从远古时起就梦想着能够像鸟儿一样在天空翱翔，在古代东西方各民族都流传着许多关于"飞天"的传说。一些人曾尝试戴上用鸟的羽毛制成的"翅膀"，模仿鸟的动作，希望能够实现飞翔的愿望。15 世纪，意大利人达·芬奇根据鸟的飞行原理设计了一种扑翼机，人趴在上面，用手脚带动一对翅膀。

人们仔细观察鸟的各种飞行动作，发现鸟有时在空中不用扇动翅膀就可以作滑翔飞行。19 世纪中期，英国人凯利首次对飞行的原理、空气升力及机翼的角度、机身的形状等进行试验研究，并依据风筝和鸟的飞行原理，制成了世界上第一架载人滑翔机，可以携带一个小男孩飞离地面 2 m 多高。

1891 年，德国工程师利达尔制作了世界上第一架固定翼滑翔机，重量约 2 kg，很像展开双翼的蝙蝠。机翼长 7 m，用竹和藤做骨架，骨架上缝着布，人的头和肩可从两机翼间钻入。此外，机上还装有尾翼。他把自己悬挂在机翼上，从 15 m 高的山冈上跃起，用身体的移动来控制飞行。滑翔机在气流作用下飞行了约 90 m。不幸的是，他在 1896 年一次试验中遇强风而坠机身亡。

19 世纪末，很多早期发明家都因飞行试验失事而丧命。当时有人断言，认为发明比空气重的飞行机器就像发明永动机一样，违反了科学定律，因此永远不可能实现。但这一切都动摇不了后来者继续试制飞机的决心。他们从前人的研究试验成果中得到启发，吸取了失败的宝贵教训。在这些人中就有美国的莱特兄弟。他们在制造和修理自行车的工作中掌握了大量机械和力学方面的实际知识，又自学研究了许多基础理论，并经常观察鸟的起飞和盘旋动作，将鸟类飞行时翼尖和翼边扭动的现象移植到飞机设计上，还制造了一个原始的风洞实验室，对各种飞机结构和翼型进行模拟实验，研究以往飞机不能升上天空的原因，然后重新改进设计新的翼型和推进器。经过前后 1 000 多次实验，最后终于制造出一架用轻质木材为骨架，帆布为基本材料，装有活动方向舵的双翼飞机，重 272 kg，配有一台自行制造的四汽缸汽油发动机和螺旋桨，取名为"飞行者号"。

1903 年 12 月 17 日，莱特兄弟驾驶"飞行者号"进行了首次试飞，在 12 s 内飞行了约 35 m。同一天，他们又接着试飞了 3 次，其中最好的一次持续了 59 s，飞行距离 260 m。尽管飞行的时间很短，距离很近，但它用事实打破了"比空气重的机器不能飞行"的断言，开辟了人类航空的新时代。

莱特兄弟制造的第一架双翼飞机

第一枚液体火箭飞行时长

早在公元 9 世纪初的唐朝，中国人就已发明了火药，并在 10 世纪的北宋时代，制造出爆竹、烟花和火药兵器。当时人们把装有火药的竹筒绑在箭杆上，点燃引火线后射出去，箭在飞行中借助火药燃烧向后喷出气体所产生的反作用力，使箭飞得更远，称为"火箭"。后来，据说曾有人坐在装有数十个火药筒的椅子上，双手各持一个大风筝，试图借助火箭的推力实现飞天的梦想。

这项发明随蒙古大军的西征传到了印度。18 世纪时，印度人曾用火箭来反抗英国人。此后，这项技术又传到了西方。在美国独立战争期间，英国人曾用火箭来进攻殖民者坚守的要塞。

20 世纪初，俄罗斯科学家齐奥尔科夫斯基最早提出利用火箭来探索高层大气和宇宙空间的设想和设计原理。但是第一个进行实验的则是美国人戈达德。1926 年，他成功地发射了一枚自己研制的液体燃料推进火箭，飞行时间为 2.5 s。

同一时期，德国科学家也在进行火箭试验。20 世纪 30 年代，德国军方组织科学家和工程技术人员集中力量秘密研制火箭武器。到 40 年代初，德国研制成功能用于实战的 V – 2 导弹，这是一种用液体燃料火箭推进的弹道导弹。苏联、美国等则研制出火箭炮和反坦克火箭弹。

二战结束后，苏联和美国等竞相研制包括洲际弹道导弹在内的各种火箭武器，并大力发展运载火箭技术，用于发射人造卫星和载人飞船。美国在 20 世纪 60 年代研制的"土星 5 号"运载火箭，起飞质量约 2 930 t，运载能力为 127 t，是迄今为止人类制造的最大的火箭，完成了"阿波罗"系列载人飞船登月壮举。

　　中国于 20 世纪 50 年代开始研制新型火箭。1970 年 4 月 24 日，用"长征 1 号"三级运载火箭成功地发射了第一颗人造地球卫星。1980 年 5 月，向南太平洋海域成功地发射了远程导弹。到目前为止，我国共研制了 12 种不同类型的"长征"系列火箭，能够发射各种近地轨道、地球静止轨道和太阳同步轨道的卫星及"神舟"系列载人飞船，并建成了酒泉、西昌和太原三个航天发射中心。

　　火箭的基本组成部分有箭体、制导系统、推进系统和有效载荷，其中有效载荷包括人造卫星、飞船或空间探测器等航天器；箭体用来安装和连接火箭各个系统，并容纳推进剂；制导系统控制火箭的飞行，将火箭稳定而精确地导向目标；推进系统按其燃料特点，可分为化学火箭发动机、核火箭发动机、电火箭发动机和光子火箭发动机等。目前最常使用的是化学火箭发动机，它依靠固体或液体推进剂在燃烧室内进行化学反应释放出来的能量转化为火箭推力。此外，一些发达国家还在研制电火箭发动机，即利用电能把惰性气体电离，然后高速向后喷出，由此产生向前的推力。

美国运载"阿波罗号"飞船
登月的"土星 5 号"火箭

中国已成功地发射了不
同类型的"长征"系列火箭

第一部电影放映时长

电影是深受大众喜爱的一种现代观赏艺术。电影的发明起源于英国人罗吉特在 19 世纪初发现的视觉暂留现象，即人眼中的视觉成像会保持一段时间，长达若千分之一秒。照相术问世后，人们发现只要迅速地连续显示一系列照片，就能产生画面中的人物在运动的幻象。

1888 年，美国发明家马莱制造出世界上第一台固定底片连续照相机，这就是现代摄影机的鼻祖。同一年，英国人勒普林斯自行制作并播放了世界上第一部电影短片《花园奇景》，只有短短 2 秒钟。

1895 年 12 月 28 日，法国人卢米埃尔兄弟在巴黎卡普辛路 14 号大咖啡馆的地下室里，用自己制作的摄影放映两用机首次放映了他们拍摄的几部电影短片，包括《工厂的大门》、《拆墙》、《婴儿喝汤》和《火车到站》等，标志着电影的正式诞生。

美国著名发明家爱迪生对电影的早期发展做出重要贡献。他首次采用长条形的胶片拍摄下一连串的影像，然后以大约每幅 1/16 秒的速度放映，放映机用闪光将它们依次投射到屏幕上。

1896 年，电影传入中国，最早由法国商人在上海徐园茶楼内放映"西洋影戏"。1905 年秋，由北京丰泰照相馆与京剧名角谭鑫培合作拍摄京剧片断《定军山》，成为中国人摄制的第一部影片。

早期的电影都是无声的。1926 年，美国华纳公司根据电话和留声机的原理，发明了一种在胶片上录音的技术，当年拍摄的《唐·璜》成为世界上第一部有声电影。同一年，出现了最早的彩色电影《光荣历险记》，但它采用的是将拍摄后的黑白底片分别染色的方法。世界上第一部真正用彩色胶片成像的电影是美国在 1935 年拍摄的《浮华世界》。

到了 20 世纪 50 年代，出现了宽银幕电影。70 年代多声道录音技术和杜比系统的兴起，极大改进了电影音响的效果。80 年代又出现了立体电影。进入 90 年代以后，电影逐步进入了全新的数字时代，美国迪斯尼公司发行的电影史上第一部三维动画片《玩具总动员》，全部是在电脑上制作完成的；接着，又制作出首部无胶片数字电影《玩具总动员续集》。

近年来，电影从拍摄、特技效果到后期剪辑处理全部采用数字化技术，甚至可以取代专业演员。影片的拷贝、发行和放映也都完全数字化，通过网络或卫星直接传送到电影院，不仅大大降低了发行成本，而且可以充分确保画面清晰，没有任何抖动与闪烁，更好地展现视听效果，同时不会磨损，可以无数次地反复放映。

早期的电影摄影机

早期的电影放映机

疼痛传到大脑的时间

机体受到伤害性刺激时，往往产生痛觉。痛觉是一种复杂的感觉，常伴有不愉快的情绪活动和防卫反应，这对于保护机体是重要的。疼痛又常是许多疾病的一种症状，因此在临床上引起很大注意。

痛包含两种成分：痛觉和痛反应。痛觉是一种内在的感受和体验，每一个"觉得痛"的人，都能根据他过去的经验诉说痛的存在以及痛的性质、强度、范围和持续时间，但很难确切地加以描述。痛反应是指致痛刺激引起的躯体和内脏活动变化以及逃避、反抗等一系列的行为表现。从生物学的角度看，痛是一种保护性、防御性的机能，它警告机体正在遭受某种伤害性刺激，并促使机体摆脱这种刺激的继续伤害。

致痛刺激是多种多样的。但它们具有共同的特点，即都导致组织细胞的损伤破坏，结果便释放出某些致痛物质，如钾离子、氢离子、血浆激肽等，进而作用分布在损伤区的感受器。作为一个已被广泛接受的概念，痛感受器乃是遍布全身各处的某些游离神经末梢。当然，绝非所有的游离神经末梢都是痛感受器。痛感受器可将不同能量形式（例如机械、化学、温度）的致痛刺激转换为具有一定编码形式的神经冲动，后者沿神经纤维传向中枢神经系统。当痛刺激作用于皮肤时，可出现性质不同的两种痛觉，即快痛和慢痛。先出现一种尖锐的、定位比较清楚的刺痛，又称快痛，刺激作用后立即发生，停止刺激后很快消失；接着是一种定位不甚清楚的灼痛，又称慢痛，通常是在施加刺激后 0.5 s 才感觉到，停止刺激后还能持续数秒钟，并伴有情绪及心血管和呼吸活动的变化。

一般认为痛觉的感受器是游离神经末梢。引起痛觉不需要特殊的适宜刺激，任何形式的刺激只要达到一定强度有可能或已造成组织损伤时，都能引起痛觉，但其机制还不清楚。有人认为，这种游离神经末梢是一种化学感受器，当各种伤害性刺激作用时首先引致组织内释放某种致痛物质，然后作用于游离神经末梢产生痛觉传入冲动，进入中枢引起痛觉。

根据现代神经解剖学和生理学的看法，痛信息经由多条通路由脊髓上升入脑，由于这些不同通路的共同活动和脑的各级水平的分析处理，最后产生疼痛。

痛觉的中枢传导通路比较复杂。痛觉传入纤维进入脊髓后，再经脊髓上行抵达脑。此外，痛觉传入冲动还在脊髓内弥散上行，沿脊髓网状纤维、脊髓中脑纤维和脊髓丘脑内侧部纤维，抵达脑干网状结构、丘脑内侧部和边缘系统，引起痛的情绪反应。

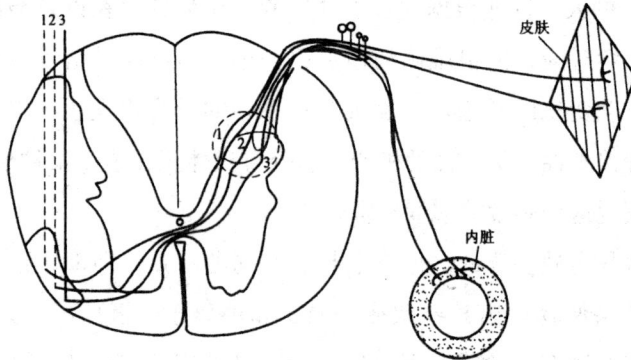

图　牵涉痛产生机制示意图
1. 传导体表感觉的后角细胞
2. 传导体表和内脏感觉共用的后角细胞
3. 传导内脏感觉的后角细胞

最早电视机荧光屏显示一幅画面的时间

我们每天都要看电视，用来了解外界信息和日常娱乐。电视是如何发明的呢？

早在19世纪，科学家就在研究如何用电来传送图像。1850年，英国人巴克韦尔研制了一种能够传输字迹和线条图的电传系统。他用不导电的墨水在金属片上书写或绘图，然后将金属片卷在滚筒上，并用几根金属针缓慢地顺着滚筒对金属片上的图形进行螺旋式扫描。金属针与电路相连，把字迹或图形变成电流脉冲传送到远处的接收端，那里也有一个以同样速度旋转的滚筒，上面卷着一张电敏纸，传送来的电流脉冲会在上面留下印记，再现出原来的字迹或图形。这就是最早的传真机。

20世纪初，法国人贝兰经过多年研究，将一束细窄的光线从左到右，一行一行地迅速扫描过照片底片，投射出一连串明暗度连续变化的光束。底版下面的光电管接收后就会相应产生一股强弱变化的电流，通过导线送到接收端后，再按相反的程序就可复制出原来的照片图像。利用这种原理，贝兰制成了第一部照片传真机。

传真机传送的只是一幅图像。能不能让它传送一连串图像，像放映电影一样让这些图像"活动"起来呢？要做到这一点，必须对所要发送的图像进行快速扫描，同时转化为连续的电脉冲信号。1908年，英国工程师斯温顿提出，将阴极射线管不仅用于接收，而且用于发射。这种特殊的阴极射线管的屏由很多光敏元件组合而成，将需要发送的图像投影到屏上，用阴极射线束对光敏元件产生的电荷进行扫描放电，这就是电视摄像管的雏形。

英国发明家贝尔德在1925年制成世界上第一台采用电子管放大器的电视机，能够接收无线电发射的图像信号，用阴极射线管显现图像。电子束在电极的控制下不断改变方向，在荧光屏上从左到右依次扫过 80 条水平线，每条线都比前一条稍微低一些，只需要 0.2 s 的时间就可在荧光屏上显示一幅图像。虽然任何时刻在屏上都只有一个点在发光，但由于视觉暂留作用，在人眼中就能构成连续活动的图像。尽管这些图像很不清晰而且摇晃不定，但它的诞生标志着"电视时代"的开始。

20 世纪 30 年代，科学家改进了电子摄像管和显像管，将图像的扫描线提高到 450 条，极大提高了电视画面的分辨率，电视开始逐渐进入普通家庭。20 世纪 50 年代中期，又出现了彩色电视，原理是在荧光屏上使用三种荧光物质，它们受到电子束轰击后能分别发出红、绿、蓝三色的荧光。此后，立体电视、数字电视、卫星接收电视、高清晰度电视、等离子电视、平板液晶电视、互联网电视等新的技术层出不穷，电视机也成了我们日常生活中不可缺少的用品。

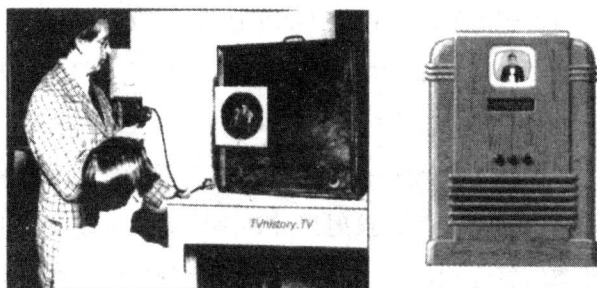

英国人贝尔德发现的电视 20 世纪 40 年代的电视机

蚊子振动翅膀 1 次的时间

蚊子是一种众所周知的会飞的吸血昆虫，人们甚至会觉得它有些可怕，因为它叮人并且传播疾病。世界上蚊子的种类大约有 2 500 种，北美有 150 种以上。

蚊子通常都生活在靠近水源的地方，因为它的幼虫必须在水中生长，无论是流动的小溪还是盆中的积水都是它们生长的好地方。蚊子的生命因种类的不同而不同，在两周到几个月之间。一些种类在 10℃ 以下的气温下还能冬眠，但其他种类在这样的低温下则不能存活。

只有雌性蚊子叮人，雄性蚊子不会。雌蚊叮咬的原因是它们需要血液来培育其虫卵。蚊子每次产卵都叮咬一次，一只雌蚊子一生可以产好几次卵，而一年之中蚊子可繁衍到好几代之多。雌蚊和雄蚊的主要食物都是花蜜、植物或果实的液体。

人和其他哺乳动物都会吸引蚊子，这是由呼出的二氧化碳所致。当然也有其他原因，如体味、体热、汗液，有时还跟香水、除臭剂、清洁剂等有关。

然而，蚊子的叮咬不单会让人搔痒和心烦，真正的威胁是它还携带和传播多种危险的疾病，人类有疟疾、黄热病、脑炎及西尼罗河病，对于犬类会引起犬恶丝虫，还会使马患东部马脑炎。因此，全世界为控制蚊子的数量都采取了很多的措施。

0.02 秒，在这样短促的时间里能够做些什么事情呢？能够做的事情多得很！是的，火车在这一点点时间里只能跑 60 cm，可是声音就能够走 66 cm，超音速飞机大约能够飞出 1 000 cm；至于地球，它可以在千分之一秒里绕太阳转 60 m，而光呢，可以走 6 000 km。

在我们四周生活着的微小生物，假如它们会思想，大概它们不会把 0.02

s当做"无所谓"的一段时间。对于一些小昆虫来说,这个时间就很可以察觉出来。一只蚊子,在0.02 s之内可以振动它的翅膀1次。

人类自然不可能把自己的器官做出像昆虫那样快的动作。我们最快的一个动作是"眨眼",就是所谓"转瞬"或"一瞬"的本来意思。这个动作进行得非常之快,使我们连眼前暂时被遮暗都不会觉察到。但是,很少人知道这个所谓无比快的动作,假如用0.02 s做单位来测量的话,却是进行得相当缓慢的。"转瞬"的全部时间,根据精确的测量,平均是0.4 s,也就是400个千分之一秒。它可以分做几步动作;上眼皮垂下(75~90个千分之一秒),上眼皮垂下以后静止不动(130~170个千分之一秒),以后上眼皮再抬起(大约170个千分之一秒)。这样你可以知道,所谓"一瞬"其实是花了一个相当长的时间的,这其间眼皮甚至还来得及做一个小小的休息。所以,假如我们能够分别察觉在每千分之一秒里所发生的景象,那么我们便可以在眼睛的"一瞬"间看到眼皮的两次移动以及这两次移动之间的静止情形了。

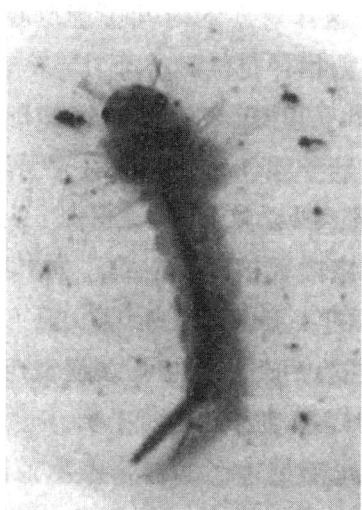

蚊子的幼虫,又名孑孓

高速摄影时的曝光时间

照相机能够记录影像，为人们留住美好的回忆。它的发明要追溯到古代，那时人们发现，当光线穿过小孔进入暗室时，会形成室外场景的暗淡的倒立像。16世纪的欧洲画家利用这一原理，把白纸挂在墙壁上，依照倒映着的线条复描，当画家移动挂在墙壁上的白纸与小孔的距离，便可将倒映在白纸上的图像放大或缩小，解决了当时复描图画的难题。

17世纪末，有人利用小孔成像的原理制成一个暗箱，箱上装了一块凸透镜以代替小孔，箱子的另一头装了一块磨花了的平板玻璃，凸透镜把投射进来的影像聚焦在平板玻璃上，人们用画笔描绘倒映在玻璃上的各种景色。

但是用画笔来描绘毕竟很麻烦，如果能自动显出影像就好了。19世纪初，法国人涅普斯发现沥青被太阳晒后会变色，便将沥青溶于薄荷油中制成溶液，然后涂在平板玻璃上，曝光后浸在煤油中，待薄荷油溶于煤油后，平板玻璃上便显出沥青留下的影像，不过这种影像十分模糊。

后来，法国画家达盖尔在玻璃板上涂一层含有碘化银的感光乳剂，成像时光线使碘化银发生化学反应，像上各点反应的程度与光照的强度成正比，便在乳剂上形成永久性的影像。显影时，化学显影剂将受到光照而发生反应的银化合物转变为金属银，转变的程度也与光的强度成正比。然后将未经反应的碘化银溶解掉，就得到了"底片"。晒印时透过底片的光线将黑、白负像颠倒过来，就得到了正像的照片。

早期拍摄一幅照片需要很长时间。1871年，美国人伊斯特曼发明了明胶干版法，用溴化银代替碘化银涂在玻璃片上制成干版，可以大大提高感光度，曝光时间缩短为几分之一秒甚至更短的时间。为了控制曝光时间的长短，人们在照相机中装上了快门，以后又改进了镜头、光圈、机身等部件。

20 世纪初，法国物理学家李普曼发明了彩色照相方法，他因此获得了 1908 年诺贝尔物理学奖。但实用的彩色照相术直到 20 世纪 30 年代才发展起来，人们将拍照后的胶片进行三次显影，分别使红、绿、蓝三色的染料沉积在底片上，令彩色照片上的每一点都由红、绿、蓝色按一定比例组合而成，人眼看到这些组合颜色后就能产生从红到紫全部颜色的感觉。20 世纪 50 年代，科学家发明了新的彩色摄影方法，利用通过滤光镜得到的绿光和红光或另两种适当的色光组合成全色的影像，利用加入胶片中的感光剂自动显影。

20 世纪 80 年代以来，人们给照相机装上光电子器件，可以自动调节镜头焦距和转动胶片的微型电动机以及微电脑控制芯片，能够自动感光并调节光圈大小和快门速度及对准焦距，称为全自动照相机。后来又出现了采用电荷耦合器件替代感光胶卷的数码相机。目前普通照相机的最短曝光时间可以达到 0.25 ms，专门用途的特种照相机高速摄影时的曝光时间只有 1 μs。

18 世纪初人们利用小孔成像原理制成的观景暗箱（老式照相机）

正电子的存在时间

很多人可能不知道，自然界中除了我们熟知的电子外，还存在另一种质量与其完全相同，而电荷却相反的电子，叫做"正电子"。它的发现很有戏剧性。

19世纪末，英国科学家汤姆逊首次发现阴极射线其实是一种带电粒子束流，后来人们称这种带电粒子为"电子"。科学家们对电子进行深入研究时注意到这样一个现象，即带电物体无法一直保持所带电荷，于是推想一定有某种东西会让空气中的气体分子电离而导电，使电荷慢慢消逝。20世纪初，奥地利物理学家汉斯乘气球飞到高空，发现导致气体分子电离的东西是来自太空的一种辐射。后人将此称为"宇宙线"。

1928年，英国理论物理学家狄拉克根据量子力学原理，对爱因斯坦著名的质能转换方程做了修改，认为其中的"质量"可以有负属性，由此提出了电子的相对论性运动方程，也称狄拉克方程。

狄拉克认为，无论什么时候从纯能量产生的物质和反物质，都是以粒子和反粒子对的形式出现的，每一种物质粒子有一个与之相对的反粒子。当正、反粒子相遇时，它们会立刻相互抵消掉，称为"湮没"，即又转变成能量。也就是说，自然界中除带有负电荷的电子外，还存在带有正电荷的"反电子"。如果让反电子单独存在，它会和电子一样稳定并能无限久地存在下去。但因为它产生在一个充满电子的世界里，当反电子单独出现时，转瞬间便会与邻近的电子相结合而湮没，只留下 γ 射线。

由于狄拉克的理论过于深奥，其他人对他的观点半信半疑。就在这时，年仅27岁的美国科学家安德森对宇宙线进行深入研究，发现宇宙线的能量很高，很像 γ 射线，可以穿过较薄的铅板，并从铅原子中击出一些粒子，其中有一个粒子的轨迹在强磁场的作用下和电子的轨迹完全一样，但偏转的方向却与电子完全相反。也就是说，这是一种质量与电子相同，而电荷却与电子相反的新粒子，安德森称之为"正电子"。

这正是狄拉克所预言的"反电子"。实际上，安德森观测到的是与湮没相反的现象，即 γ 射线突然消失，转化成一对正、反电子。这一发现首次证实了质能可以相互转化的理论，立即在科学界引起轰动。

不久，约里奥·居里夫妇在人工核反应实验中也发现了正电子。1951 年，美国物理学家道伊契通过实验证明，由电子与正电子组成的系统围绕着一个共同的力心互相绕行，存在时间为 10^{-7}s。这些发现进一步肯定了反粒子的存在，引导科学家们逐渐深入探索反物质之谜。

狄拉克和安德森分别获得 1933 年和 1936 年诺贝尔物理奖。

美国物理学家安德森

反质子存在的时间

正电子的发现引发了科学家们对反物质的兴趣。

所谓反物质就是普通物质的相反状态。科学家们认为，物质是在宇宙诞生之初由巨大能量从虚无的真空产生的，按照物理学中的等效真空理论，正、反物质的数量应该是相等的，只有这样，当它们相遇时双方才会相互湮灭，重新转化为能量。只是后来由于某种原因，导致正物质数量多于反物质，再加上有的反物质难于被观测，所以在我们看来，当今世界主要是由正物质构成的。例如我们日常所接触到的原子都是由带负电的电子和带正电的原子核组成，很难遇到由带正电的正电子和带负电的原子核组成的反原子。

1955 年，美国科学家西格雷和张伯伦用高能粒子加速器加速质子，轰击铜靶，首次"捕捉"到反质子。它们的质量与质子完全相同，但携带的电荷正好相反。与正电子一样，反质子也是一瞬即逝，仅存在了 4×10^{-8}s，就同原子核内带正电的质子相结合而湮没，转化成 γ 射线和一些较小粒子，因此要辨认出它们很不容易。每产生一个反质子，就会出现 4 万个其他粒子。西格雷和张伯伦精心地设计配置了各种探测器，最终辨认出反质子。他们二人因此荣获了 1959 年诺贝尔物理学奖。此后，科学家们又陆续发现了反 μ 子、反 π 介子、反中微子等其他反物质。

反物质在地球上非常罕见，只有部分放射性物质在衰变时发射出正电子。另外，偶尔有少量反质子夹杂在来自遥远星系的宇宙线中从天而降，这些高能宇宙线击中大气层中的原子时所引起的粒子簇射也会产生微量的反粒子。

那么，在宇宙中是否有大量反物质呢？天上有没有反恒星或反星系呢？这个问题目前还没有答案，因为光子是中性粒子，正、反恒星发出的光都是一样的，天文学家无法通过光谱、射电、X 射线或 γ 射线来分辨远处恒星是否由反物质组成，而反中微子又几乎不与任何物质相互作用，很难探测到它们。不过，科学家已通过反证法确认，包括银河系以及超星系团在内的大约距地球1亿光年的空间范围内都是由正物质组成的，没有反物质天体存在，否则我们就会观测到湮灭过程产生的强烈 γ 射线。但天文学家注意到，在宇宙更遥远的地方有许多很强的 γ 射线源，也许那里聚集着反恒星或反星系，夹杂着反质子的宇宙线可能就来自那里。

由于受大气干扰，在地面上很难探测到反物质，因此科学家们把探测仪器搬上国际空间站，做更进一步的数据采集，其中就有中国科学家制造的 α 磁谱仪。如果能从宇宙线中观测到哪怕只有一个反 α 粒子，就能够证明宇宙中存在反物质天体。

西格雷

张伯伦

τ子寿命

20世纪30年代，科学家们已先后发现了电子、质子、中子和中微子等几种物质粒子。当时很多人猜测，它们是否就是构成大千世界的所有基本粒子呢？

1935年，日本物理学家汤川秀树提出用来解释原子核内作用力的介子理论，并预言自然界中存在一种传播核力的粒子即介子，它的质量处于电子和质子之间。

两年后，曾发现正电子的美国科学家安德森在宇宙线中发现一种比电子约重200倍的新的粒子，带有正电荷或负电荷。当时大家都认为这就是汤川秀树所预言的介子，将它起名为"μ介子"。后来发现，它的性质与介子完全不同，只是介子衰变后的产物，因此改称"μ子"。

科学家发现，μ子很不稳定，它的平均寿命约为2 μs，然后便衰变成电子、中微子和反中微子。带有负电荷的μ子（称负μ子）与带有正电荷的μ子（称正μ子）相遇时会发生湮灭，表明正μ子是负μ子的反粒子。

由于μ子与电子和中微子只参与基本粒子之间的弱相互作用、电磁力和引力作用，而不参与强相互作用，后来科学家们便将它们统称为"轻子"，以区分质子、中子之类参与强相互作用的粒子，并将后者统称为"强子"。

1975年，美国科学家佩尔等人利用加速器做物理实验，发现正负电子对撞后产生一种类似μ子的新物质粒子，起名为"τ子"。它的质量很重，是质子的1.8倍，平均寿命约为10^{-13}秒，属于第三代粒子，其他性质几乎与μ子一模一样。因为它也不参与原子核的强相互作用，尽管它比一般的强子还要重，但仍按其性质归在轻子类。佩尔因此获得1995年诺贝尔物理学奖。

根据科学家最新研究结果，所有构成世界万物的基本物质粒子只有夸克和轻子两类，它们分为三个世代。第一代是上夸克和下夸克、电子及电子中微子；第二代是粲夸克和奇夸克、μ子及μ子中微子；第三代是顶夸克和底夸克、τ子及τ子中微子。其中每一种粒子都有自己的反粒子。所有我们平常看到的普通物质都是由第一代的粒子所组成，第二及第三代粒子只能在高能量实验室中制造出来，而且会在极短时间内衰变成第一代粒子。每一代的4种粒子与另一代相对应的4种粒子性质几乎一样，唯一的区别就是它们的质量及稳定性。轻子与夸克的不同之处在于它们缺少一种叫"色"的性质，所以它们的作用力（包括弱相互作用、引力和电磁力）会随距离增加变得越来越弱。相反，夸克间的强相互作用力会随距离增加而增强。

佩尔

π介子平均寿命

我们在学校里学过，质子和中子组成原子核，原子核与电子构成原子，原子组成分子，分子构成世界万物。但你有没有想过，它们是怎么维系在一起的？

大约70多年前，同样的问题也在困扰着科学家们。当时人们只知道自然界存在万有引力和电磁力。人们通过实验发现，分子和分子之间，原子和原子之间，以及原子核和电子之间的作用力都可以用电磁力来解释，即正负电荷之间的相互吸引力。但是对于原子核来说，电磁力就不够了，因为原子核内仅有的带电粒子就是质子，这些同带正电荷的质子聚在原子核内时彼此会强烈地相互排斥。

一个结合得很紧的分子，只要用10多eV的能量就可以把组成它的各个原子分开；但如果想把原子核内的质子和中子分开，至少需要200万eV的能量。按理说原子核内各粒子间的距离要比分子内各原子间的距离小得多，这表明其中必定存在一种比电磁力至少强100多倍的力量，人们给它起名为"核力"。这种力量不像电磁力和引力，属于一种短程力，尽管在原子核内非常强，但是在核外却几乎等于零。

1932年，德国物理学家海森堡分析了核力的性质，提出质子之间可以通过交换一种特殊粒子来使自身运动，以使动量守恒，好像它们之间有一种作用力。也就是说，这种特殊粒子与人们通常所说的"物质粒子"不同，它是一种仅负责传递力的"作用力粒子"，也称"传播粒子"或"媒介粒子"。

几年后，日本物理学家汤川秀树根据数学分析结果，论证了这种特殊粒子的存在。他认为作用力粒子必须具有质量才可以产生力场。核力作用距离越短，说明这种粒子的质量越大。所以它的质量处在质子和电子之间，约为

日本物理学家汤川秀树

200～300 个电子质量那么大。

1947 年，英国科学家鲍威尔在研究宇宙线留下的径迹时，发现一个质量是电子的 273.3 倍的新粒子。人们给它起名为"π介子"，意思是质量介于质子和电子之间的粒子。它正是汤川秀树所预言的作用力粒子。

人们后来发现，有些π介子带有正、负电荷，有些是中性的。带正电荷的π介子起着质子间"交换力"的作用，而带负电荷的π介子则起着反质子和反中子间的"交换力"作用。这两种介子的寿命都很短，大约在 10^{-14} s 后就衰变成μ子和μ子中微子，然后进一步衰变成电子和电子中微子。

以后，科学家们又陆续发现了 K 介子、ρ介子和ω介子等。这些介子都比π介子重，也都不能稳定存在，经历很短的时间后即转变为别的基本粒子。科学家们还利用高能加速器使粒子相互碰撞，从中又发现了一些新的介子。

海森堡因在量子力学方面的贡献而获得 1932 年诺贝尔物理学奖，汤川秀树因提出核子的介子理论获得 1949 年诺贝尔物理学奖，鲍威尔因发现π介子而获得 1950 年诺贝尔物理学奖。

Z 子的寿命

过去人们认为，原子是构成宇宙万物的最基本的粒子。后来原子被打破了，人们又认为组成原子的质子、中子和电子是基本粒子，质子与中子统称为核子。近来人们又发现，质子和中子也不是最小的物质单元，它们仍然可以继续分割为几种更小的基本粒子类型。

此前人们只知道万有引力和电磁力两种相互作用，单靠质子间的万有引力远远不足以克服它们之间的电排斥力，物理学家开始猜测原子核内存在着第三种相互作用力，即"核力"。

到 20 世纪 60 年代，人们发现"核力"共有两种，一种是强相互作用，以介子传递方式产生，特点是强度极大，独立于电荷，作用时间极短，作用距离极小，只有一个核子的直径那么大，仅在相邻核子间起作用；另一种则是弱相互作用，它导致了原子核的不稳定性，同时控制着原子核的衰变和放射性，影响化学元素的形成。

弱相互作用是靠什么产生的呢？20 世纪 60 年代，科学家根据粒子物理学的标准模型，认为电磁力和弱相互作用在核子的直径距离内其实是同一种力的不同表象，其行为遵循相对论性量子场论的规律，并预言存在两种传递弱相互作用的基本粒子 W 子和 Z 子，其中 W 子是带电粒子，Z 子是中性粒子。

1984 年，欧洲核子研究中心的科学家们通过实验发现了这两种粒子，它们的静止质量分别是质子质量的 90 和 100 倍，存在时间平均为 10^{-25} s。这一发现证实了弱电统一理论。领导这项研究的意大利科学家鲁比亚和荷兰科学家范德米尔因此荣获 1984 年诺贝尔物理学奖。

根据物理学家的最新研究结果，自然界中共有 31 种基本粒子，此外每种粒子都有自己的反粒子。这些基本粒子分成物质粒子和作用力粒子两大类。

物质粒子是构成物质的原材料，包括6种夸克、电子、μ子、τ子，以及电子中微子、μ子中微子和τ子中微子，它们分属于三个世代，所有普通物质都是由第一代粒子所组成；第二及第三代粒子只能在高能量实验中制造出来，而且会在极短时间内衰变成第一代粒子。每个世代的粒子与其他世代的相应粒子都有同样的相互作用。

作用力粒子包括光子、介子、胶子、W子和Z子，分别负责传递电磁力、强作用力和弱作用力，另外还有一种导致其他粒子产生质量的希格斯粒子。

当夸克释放或者吸收胶子时会产生强作用力，而当夸克和轻子吸收或释放W子和Z子时会产生弱作用力。夸克借助于胶子的强作用力结合起来，由两个上夸克和一个下夸克组成质子，而中子则是由两个下夸克和一个上夸克组成。

欧洲核子研究中心鸟瞰图

普朗克时间

在古代，无论是东方还是西方，都曾就物质与时间是否无限可分展开激烈的争论。这不仅是哲学家们思辨的话题，更重要的是它影响了人们对宇宙世界演化发展的看法，同时也是科学家们经常遇到的理论和实验的课题。这些争论推动着近代物理学一步步向前发展，逐渐由宏观世界深入到微观领域。

1900 年，德国物理学家普朗克在研究黑体辐射时首次提出了"量子"概念。普朗克提出一个著名的常数，认为辐射（包括光）的发射和吸收过程中，能量的变化是不连续的，就像物质是由一个个原子组成的一样。他把辐射的单位称为量子，认为在吸收辐射能时只能吸收整个整个的量子。

不过，当时普朗克无法用经典的理论来解释辐射能量不连续性的原因。直到 5 年以后，爱因斯坦利用光电效应证实了量子的存在。普朗克因此获得 1918 年诺贝尔物理学奖，爱因斯坦获得 1921 年诺贝尔物理学奖。

进入 20 世纪 20 年代，法国科学家德布罗意首次提出光的粒子行为与波动行为对应存在；印度裔物理学家玻色提出一种全新的方法来解释普朗克的量子理论；奥地利物理学家泡利和薛定谔分别提出了不相容原理和波动力学；德国物理学家海森堡等人提出了测不准原理；美国物理学家康普顿证明，量子实际上具有粒子性质；英国物理学狄拉克提出用相对论性的波动方程来描述电子，并提出电磁场的量子描述，建立了量子场论；丹麦物理学家玻尔提出互补原理，解释了量子理论中的波粒二象性。这些学说奠定了量子力学作为原子结构理论的基础，开辟了原子物理、分子物理、固体物理和核物理等现代物理学新领域。

根据量子力学的原理，当我们在测量时，被测对象也在发生改变。例如将温度计放进浴盆里测量水温时，温度计吸收的热量会稍稍改变水的温度，只不过水温的变化小得可以忽略不计。而测量粒子则不同。例如要测量粒子的速度，必须用光束、电波或其他辐射来探测，微小的粒子一旦被光子、电子或其他粒子击中，就会移动位置或改变速度。所以我们不可能测出它的真实状况。

当物质与时间被分割为极微小的部分时，同样也会出现测不准现象。科学家将普朗克常数和光速、引力常数结合在一起，得出无法再继续分割的最短长度极限和时间极限，即 10^{-35}m 和 10^{-43}s，分别称为"普朗克长度"和"普朗克时间"。任何小于这个极限的长度和时间单位在物理学上都没有意义，因为你不可能准确测量到它，也就无法判定它是否真的存在。

德国物理学家普朗克

电子在能级之间跃迁的时间

人们常用"一眨眼的工夫"来形容时间的短暂。根据测定，人类每次眨眼的时间约为 0.4 s，这确实是一个非常短暂的时间间隙，但却远不是最短的。利用每秒可拍摄连续上百万幅甚至拍摄数亿幅画面的超高速摄影机以及最新的测量仪器，科学家们了解了许多在很短的时间内发生的科技与自然现象。

例如，为 A 到中 C 定调的调音叉振动一次的时间为 0.25 s，一次闪电的整个持续时间约 0.2 s，人类的耳朵分辨声音的时间为 0.1 s；蜜蜂拍打一下翅膀的时间约为 5 ms，月亮每年环绕地球一圈的时间要延长 2 ms，普通照相机的最短曝光时间为 1 ms，2006 年发现的 118 号元素在衰变前的存在时间只有 0.9 ms。

人能够听到的最高频率的声音周期为 33 μs，CD 音乐的采样间隔为 22.7 μs，炸药在它的引信烧完之后大约 24 μs 开始爆炸，高速摄影时闪光灯的发光时间可达到 10 μs，高速子弹打穿苹果的时间为 3 μs，核武器爆炸时在 1 μs 内释放出巨大能量。

K 介子的存在时间为 12 纳秒（ns），FM 波段无线电短波的周期约为 10 ns，光在真空中传播 1 米距离的时间需要 3.3 ns，个人电脑的微处理器进行一次运算约需 2 ns。

最快的晶体管运行时间为数皮秒（ps），室温下水分子间氢键的平均存在时间为 3 ps，由高能加速器产生的夸克粒子存在时间为 1 ps。

完成快速化学反应通常需要数百飞秒（fs），光与视网膜上色素的相互作用（产生视觉的过程）约需 200 fs，分子中的原子完成一次典型振动需要 10~100 fs，可见光的振荡周期为 1.3~2.6 fS。

不过，飞秒也不是最小的时间单位。1964 年 10 月，来自 35 个国家的计量专家们汇集在法国巴黎，他们通过投票，决定正式在公制单位中采用 "at-to" 一词，用来描述 10^{-18} 这一自然界极微小的量程，因此就有了 "阿秒（as）" 这一时间单位。1 as = 10^{-18}s，即百亿亿分之一秒。

科学家们在 40 多年前创造这一单位时并没有相应的测量工具，因为这种单位实在太小了。假设令时间放慢，让 1 as 延长到 1 s 的时间，那么原来的 1 s 将会延长到 300 亿年，这已经是宇宙年龄的两倍了。然而如今，科学家们已经拥有了可以测量阿秒级物理量的仪器。

不久前，德国慕尼黑大学与马克斯·普朗克量子光学研究所的科学家们用稳定的高速激光成功产生仅持续 250 as 的光脉冲。在如此短的时间中，光甚至还没有走过一个细菌直径那样长的距离。

研究人员利用如此短暂的超短时激光闪光脉冲作为工具，探测到了原子核外高速旋转的电子运动。他们在一团氢原子云上用超短时远紫外光脉冲将电子撞击出来，每个电子出现时由于该瞬间光线的相位不同，其速度可能在红色激光电场作用下被提高或降低。通过测量每个电子的动能，再加上已知红色激光脉冲的周期，研究人员计算出从氢原子中发出的电子脉冲的时间为 650 as，而电子在能级之间跃迁的时间大约只有 100 as 左右。

20 世纪 60 年代初出现的氢原子微波射器钟

人工合成的 118 号超重元素的寿命

我们学校课本的元素周期表上共有 109 种化学元素，其实并不只这些，目前已发现了 118 种。但这肯定不是全部。你可能要问，自然界究竟有多少种元素呢？

答案是：不知道！

20 世纪初期，人们找遍了天上地下，总共发现了 88 种元素。而根据改进后的门捷列夫元素周期表，自然界中至少存在 92 种元素。正当人们苦苦搜寻却一无所获时，物理学家却在实验室中利用 α 粒子和质子轰击各种原子核，接二连三地制造出了许多人工新元素，包括人们正在寻找的 43 号元素锝、87 号元素钫、85 号元素砹和 61 号元素钷。

不过，新问题也来了。1940 年，美国科学家麦克米伦等人在用中子轰击铀时，核裂变放出的中子把铀原子转变成了原子序数更大的元素，即 93 号元素镎。同年，另一位美国科学家西博格用回旋加速器加速的氘原子轰击铀，得到了 94 号元素钚。他们因此而获得 1951 年诺贝尔物理学奖。

看来元素并不止 92 种。现在人们考虑的是究竟还有多少种尚未发现的新元素？元素周期表到底有没有尽头？

此后数年间，科学家利用人工方法，先后制得 95 号元素镅、96 号元素锔、97 号元素锫和 98 号元素锎。1952 年，科学家们在第一颗氢弹爆炸后的碎片里检测到 99 号元素锿和 100 号元素镄。不久，科学家又用中子轰击锿制成 101 号元素钔。接着，又制成了 102 号元素锘。

1969—2006 年，美国劳伦斯·利弗莫尔国家实验室和俄罗斯杜布纳联合原子核研究所的科学家们通过大型粒子加速器，用较重的离子去轰击各种元素的同位素，进一步合成了第 104～118 号新元素。

在制造新元素的过程中，每一步都比前一步更艰难。因为这些人造放射性元素存在的时间都很短，很快就会衰变成另一种元素。例如 118 号元素存在的时间只有 0.9 ms，然后迅速衰变为 116 号元素，1 ms 后又变成 114 号元素，接着又变成 112 号元素，最后分裂成两半。

这些人工合成的新元素大多没有正式的名字，也没有列入常见的元素周期表中。科学家费那么大的劲去制造它们，究竟有什么用处呢？

的确，产生这些新元素需要特殊的条件，包括极高温度和极大能量。甚至可以比较肯定地说，这些新元素以往从未在地球上出现过。科学家通过人工合成的过程，是希望更深入地了解化学元素究竟是怎么起源的。我们现在知道，宇宙"大爆炸"时所形成的元素只有氢和氦，其他元素都是后来在巨大恒星的热核中心产生的。当这颗恒星衰老后变为超新星时，这些元素被抛入太空，成为宇宙尘埃散布到各处，最后作为太阳原始星云物质而来到地球。

你没想到吧？地球上的所有元素，几乎都来自数十亿年，甚至更久以前某颗不知名的已死亡的恒星。

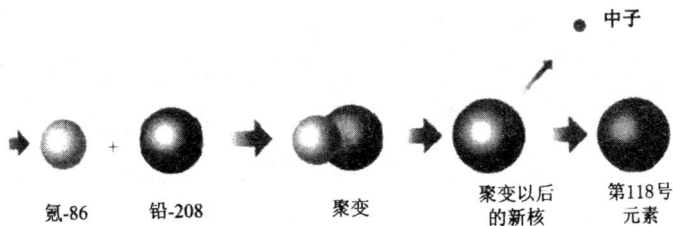

氪-86　　铅-208　　聚变　　聚变以后的新核　　第118号元素　　中子

118 号超重元素的合成过程

放射性同位素磷30的半衰期

19世纪90年代，科学家首次发现铀、钍、镭、钋等元素具有天然放射性，它们在衰变过程中发射出粒子，其后自身转变成另外一种放射性元素，直至最终变成稳定的元素铅。

到20世纪30年代初，法国著名科学家居里夫人的女儿和女婿约里奥·居里夫妇当时正在巴黎镭学院放射性实验室从事研究工作。由于没有对"铍辐射"进行深入研究，他们错失了发现中子的良机。为此，他们总结了教训，重新开始对那些能够在α粒子轰击下发射中子的核反应过程进行系统研究。

他们发现，在用α粒子轰击铝的时候，铝原子核不仅能放射质子，也能放射中子，同时还发射一种不久前科学家刚刚从宇宙射线中发现的正电子，表明正电子不仅存在于宇宙射线中，也存在于地球上。

令人奇怪的是，铝原子核受到α粒子轰击时，如果将铅板放在α粒子源和铝片之间，阻断α粒子和铝原子核的反应，铝片仍然具有放射性，继续放射出正电子。经过深入研究，他们发现铝原子核在α粒子轰击下产生了两种不同的核反应过程，其中一种是发射质子后直接转变成稳定的硅30，另一种是先发射中子，变成一种人们在自然界中从未见过的放射性同位素磷30，随后再变成硅30。这是人类首次在实验室里通过核反应成功制造出一种自然界不存在的人工放射性同位素。由于这项发现，约里奥·居里夫妇荣获1935年诺贝尔化学奖。

以前人们只知道有天然放射性元素，它们都是位于元素周期表末尾的重元素，现在人们知道列在周期表前面的磷、硅等轻元素也可以有不稳定的放射性同位素，虽然它们在自然界并不存在，但可利用α粒子和中子等去轰击稳定元素人工制造出来。后来人们将具有相同质子数和相同中子数的同位素统称为"核素"。

不久，科学家们利用新发明的粒子加速器，可以大量产生各种人工放射性核素。目前已能够制造出 1 600 多种人工放射性核素，它们在现代工业、农业、医学、生物和冶金等领域得到了越来越广泛的应用。例如以放射性核素作为辐射源制成的料位计、厚度计、密度计等已广泛用于工业生产中高温、高压、易爆、有毒和腐蚀性的对象的测量控制，γ 照相和中子照相装置用于金属容器、部件和管道的无损探伤。在农业上利用钴 60 或铯 137 等辐照装置人为地诱发突变，培育新的作物品种。利用放射性核素衰变时产生的能量制成温差发电装置，可用作海上航标、人造卫星和宇宙飞船等的电源。放射性核素示踪剂在医学和生物学研究中也有重要应用。

在实验室工作的法国科学家约里奥·居里夫妇

铀原子核的裂变碎片钡137的半衰期

20 世纪 30 年代，法国科学家约里奥·居里夫妇发现人工放射性，为研究原子核的科学家打开了新路。科学家们发明了各种类型的粒子加速器，用高速 α 粒子依次轰击周期表上的各种元素，几年内就制造出 400 多种人工放射性核素。

α 粒子实际上是带有正电荷的氦离子，在轰击原子核时因为同性电荷相斥，所以很难射中。意大利科学家费米决定采用中子作为"炮弹"，他把镭和铍均匀混合在一起，制成能够发射大量中子的镭—铍中子源，结果发现将近 60 多种被中子照射过的元素中，约有 40 多种能产生放射性核素。他还发现，周期表中原子序数大的重元素在被中子击中以后都不放出 α 粒子或质子，而是生成原来元素的放射性同位素，这些放射性同位素都放射 β 射线，也就是放射电子，然后变成原子序数增加 1 的另一种元素。

当时人们所知道的最重的元素是 92 号铀。费米想到，用这种办法可以人工制造元素周期表上 92 号以后的元素，即"超铀元素"，例如用中子轰击铀可以人工生成 93 号元素，然后再用中子轰击 93 号元素，就会生成 94 号元素，再轰击 94 号元素，又会生成 95 号元素……果然，铀被中子击中后开始放射几种不同能量的 β 射线，似乎表明铀已经变成几种新的放射性同位素。费米立即宣布，自己用人工方法制造出了原子序数分别是 93、94 和 95 的超铀元素。他因此获得了 1938 年诺贝尔物理学奖。

很快，其他科学家便发现了费米的结论有误。德国物理化学家哈恩发现，铀俘获中子后所产生的新物质其性质与质量数几乎是铀的一半的钡极为相似。奥地利物理学家梅特涅提出了关于铀核裂变现象的解释，即由于铀核中有 92 个质子和 146 个中子，因此是一种很不稳定的原子核。一旦铀俘获了中子以

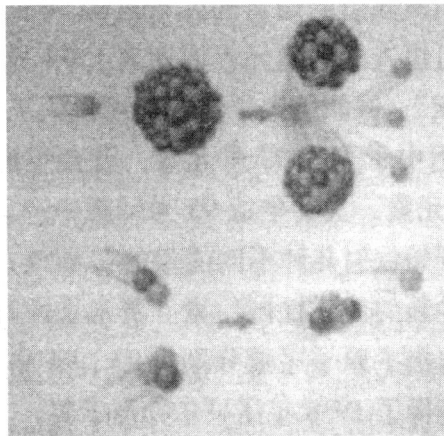

铀原子核被中子击中后分裂成大致相
等的两部分，并放射出 2~3 个中子

后，由于受到中子带来的外来能量的扰动，结果使得铀原子核变形成为椭圆状，随后变为哑铃形，直到核内的电磁斥力把几乎相等的两部分从哑铃的颈部完全断裂开来，形成两个新的中等质量数的原子核，同时放射出 2~3 个中子。

此时人们才明白，原来费米并非制造了什么新元素，而是把铀原子分裂成大致相等的两块。与此同时，原子核中还释放出巨大的能量。此后，人类开始进入利用原子能的新时代。哈恩因此获得 1944 年诺贝尔物理学奖。

"未来作战系统"排级无人机的续航时间

谁都无法否认，当今美军的武器装备是世界上最强大的。但美军仍不满足，不断运用最新高科技武装自己，最近又提出向数字化部队转型。未来的美军将会是什么样呢？

2000 年 2 月，美国国防部为了贯彻网络中心战的作战理论，首次提出了"未来作战系统"的设想，即由多种系统集成的高度信息化的武器系统，以战场互联网为核心，将士兵与各种作战平台、火力支援系统、传感器和指挥控制系统等串联在一起，其中首次把单兵作为独立的武器系统。根据这一构想，"未来作战系统"中除了有人操控的新型武器装备外，还有一些无人武器系统平台，如无人值守地面传感器、无人导弹发射系统、智能弹药系统等。这些无人武器系统将目标探测、遥控、传感、定位等装置结合在一起，可以用多种方式投放到地面，自动通过网络向作战行动指挥部报告其位置，填补战场的间隙，有选择地攻击指定的敌方目标。

此外，美军还大力发展无人飞行器，用于提高战场感知能力和作战能力。每个排级作战单位都配备两架无人机和一个遥控装置，每架无人机重 5 k，可由单兵背负携行，能在复杂的城市和丛林地区垂直起降，进行侦察、监视和目标捕捉，续航时间为 60 min。连级作战单位配备数架更大的无人机，具备侦察、警戒、早期预警、全天时目标捕捉和指挥等功能，活动半径为 16 km，续航时间 2 h。营级作战单位配备的无人机续航时间为 6 h，活动半径为 40 km，除具备排级、连级无人机的功能外，还具备空中侦察、通信中继、探雷和气象预报等功能，可以指挥非直瞄火炮营对目标进行精确火力打击。旅级作战单位配备的大型无人机具备 24 h 的续航时间和 75 km 的活动半径，可执行大区域宽带通信中继、长航时持续监视、预警等任务，能够与有人驾驶飞机实现自动数据传输、远程探测生物和化学武器及核辐射。

"未来作战系统"中还拥有大量武装机器人与执行后勤任务的机器人，能够将探测器、传感器、武器和特种弹药部署到前沿或其他危险地域，探明敌方掩体、隧道及其他复杂地形中的障碍物，引导部队，并可执行远程侦察、扫雷、突击作战、防御、战场评估、通信中继、抢修与救援、后勤保障等各项任务。

以上装备目前很多已经完成研制并开始批量生产，第一批装备"未来作战系统"的美军"新轻旅"最快将于2008年出现。到2014年，美国陆军全部48个作战旅中将有32个旅装备"未来作战系统"。

美军士兵随身携带的无人侦察机

美军在伊拉克战争中协同定位目标所需时间

近年来，计算机与互联网技术的飞速发展，促进了美国军事作战理论的变革。1997 年 4 月，美国海军作战部长首次提出"网络中心战"的概念，称在新的高技术时代，应该从以往的平台中心战法转变为网络中心战法，通过运用计算机和各种通信手段，实现各军种之间信息连接与兼容，从而将美军强大的信息优势转化为作战优势，获得优于对手的作战节奏，得以大大增加战胜对手的可能性。

所谓"网络中心战"就是以互联网技术为工具的电子商务模式在作战领域的运用，其核心就是利用计算机信息网，将分布在广阔区域内的各种武器平台、探测和传感装置、指挥中心和各种武器系统作为节点，构建网络，做到资源共享，高效集成，从而实现战场态势的信息共享和武器的高效使用，即时地将秘密情报和作战计划发送给战场上的士兵，以保证美军能够更快更狠地打击隐藏的敌人。

网络中心战的效果在海湾战争、阿富汗战争和伊拉克战争中得到了充分的证实。特别是在伊拉克战争中，美军网络化优势表现得更加明显，使美军作战反应灵敏、兵力调动迅速。设在卡塔尔的美军中央司令部利用联合作战网络中心，统一指挥所有参战部队的作战行动，利用高效的信息处理系统，随时对所搜集到的信息进行审查和过滤，指挥官每隔几分钟就可收到一次新的战场形势报告，战场上的士兵装备有联网的个人微型电脑，可以及时快捷地了解战况和自己的作战任务。参战的陆、海、空三军指挥系统也都实现了联网，从而使卫星、侦察机和无人机获得的信息能够通过数据链实时传送到参战飞机和参战部队，对打击目标随时修订和更新。在 1991 年"沙漠风暴"行动中，美军协同定位一个目标需要 4 天时间，而在伊拉克战争中已缩短至

45 分钟。

美军依靠多维一体的信息网络,牢牢掌握了战场信息优势,最终赢得了伊拉克战争,也使网络中心战这一新的信息作战样式得到了一致的肯定。美国联合部队司令部在《联合构想 2020》中提出,未来网络中心战的环境将是目前正在发展的自行形成、自行修复的"全球信息栅格"技术,包括发展天基激光通信系统和陆基多路光纤网,使信息能够在全球范围内分发,所有军人都将与网络实行无线连接,指挥员能够从多个来源接收信息,并利用网络迅速派遣军队和武器。网络上的每个战士,每个探测和传感装置、每个武器平台,甚至每一枚炸弹,都拥有自己的 IP 地址。飞行员不必再将导弹瞄准一个事先确定的目标,指挥部可以直接确定导弹的打击目标;导弹在执行任务的过程中还可以拍摄照片,同时把信息实时发送给网络。

在网络中心的指挥官

A – Train 卫星编队首尾卫星相隔时间

每天下午 1 点多钟，在我们头顶上方 700 多千米高的地球近距离轨道，都会有"一串"卫星准时列队飞驶而过，用它们的"眼睛"不停地扫描着地面的一切，巡视着地球的一举一动。

之所以说它们是"一串"卫星，是因为它们一共有 5 颗，都采用了同一轨道倾角和同一轨道周期，飞行高度和速度都完全一样，按前后顺序排成一个整齐的队列，彼此间隔一般几分钟，有的只隔 15 秒，第一颗和最后一颗卫星只相隔 23 分钟的时间，次序井然，有条不紊。为了统一前进的步伐，每隔 15 分钟，相互间还自动进行一次位置测定，以便保持队形整齐，就像一串由 5 节车厢组成的高速列车，沿着预定的路线，每天按照运行时刻表准时无误。科学家还给它们起了个好听的名字，叫做"A – Train 卫星编队"。

这 5 颗卫星按前后顺序分别是美国专门研究地球大气系统中水循环的卫星"阿卡"、美国与加拿大合作研制的"云卫星"、美国与法国合作研制的"卡里普索"（全称"云—气溶胶激光雷达和红外开拓者观测"）卫星、法国的"太阳伞"（全称"通过激光雷达观测大气的反射率极化和各向异性"）卫星和美国专门研究大气化学成分的"奥拉"卫星。到 2008 年，还将有一颗名为"轨道二氧化碳观测台"的卫星加入编队中，准备让它排在队列的头一名。所有这些卫星都有一个共同的名字，叫做"对地观测卫星"，它们的任务是共同监测全球环境变化，揭示地球大气层的奥秘，帮助人类更好地了解全球气候变暖的机制。

为了全面认识人类赖以生存的地球，美国于 1991 年开始执行"行星地球使命"计划和"对地观测系统"计划，将地球作为一个复杂的整体系统来研究，通过系列遥感卫星对地球进行连续和综合观测，了解全球尺度范围内整个地球系统及其组成部分和它们之间的相互作用及作用机理，稳定地获取有关地球大气圈、水圈、生物圈、岩石圈和人类圈的环境变化信息，认识它们之间复杂的能量交换和相互作用关系，研究确定全球环境和气候变化的程度、原因等，加深对自然过程如何影响人类和人类活动如何影响自然过程的理解，增强人类预报大气、气候变化和自然灾害监测的能力，预测未来 10 年到 100 年地球系统的变化及其对人类的影响。

"卫星编队飞行"的想法始于 20 世纪 90 年代，航天专家受计算机网络技术的启发，提出由若干颗执行不同任务的对地观测卫星编队飞行，用不同的观测仪器在同一时间内观测同一地面，将测量结果进行对比，可以取长补短，相互补充，协同工作，掌握全方位的环境变化信息；而且它们之间可以相互联系，共同承担信息处理、通信和有效载荷任务，构成一个大的"虚拟卫星"或卫星网络系统。

A-Train 卫星编队

"惠更斯号"着陆器降落在土卫六上所花的时间

在太阳系中，哪里最有可能存在地外生命呢？

过去几十年，人类多次派出探测飞船对太阳系的差不多所有星球（除了最遥远和最寒冷的柯伊伯带天体外）进行了逐一拜访，发现只有土星的第六颗卫星的地形地貌和大气条件最接近于地球。尽管表面温度很低，但科学家认为，在它历史上的某些时期，曾有可能发生类似地球早期阶段促进生命发生和演化的有机化学反应。土卫六与火星和木卫二是除地球外太阳系中最有可能有生命存在的少数天体中的成员，它很有可能帮助我们解开宇宙中生命起源之谜。

2005年的1月14日，人类有史以来制造的最大和最先进的探测飞船"卡西尼号"飞临土卫六，飞船上携带的"惠更斯号"着陆探测器首次降临至土卫六的表面，使远在数十亿千米外的地球人类能够一睹上卫六浓厚大气下的神秘面容。

在向土卫六表面降落期间，"惠更斯号"先后打开3个降落伞进行减速，然后在高层大气中慢慢悠悠地向地面飘去，探测器上的各种仪器此时全部打开，悬浮微粒采样器开始采集土卫六大气中的悬浮物质，然后由气相层析质谱仪进行化学成分分析；与此同时，成像系统和光谱辐射计开始拍摄气体云层的图像。

当探测器的下降速度约为100 m/s，距离土卫六地表上方50 km高度时，成像系统开始拍摄下方地表的全景图。由于大气层吸收了太阳光中的蓝光，因此土卫六地表呈现大片的深红色。在下降过程的最后几百米，"惠更斯号"上的探照灯首次照亮这片神秘的大陆，着陆地点附近的景物一览无遗。整个降落过程持续约3个小时，探测器最终在土卫六零下180℃极度寒冷的冰冻表面着陆。

通过"惠更斯号"发回的照片可以看到，着陆地带有刚下过甲烷雨的痕迹，一些地方沟渠纵横，有成分不明的液体在其中流淌，附近还有几块白色块状物体，科学家认为可能是巨石或由水凝结成的冰块。土卫六表面有很多侵蚀、机械摩擦以及水文活动痕迹，交错的河道从高低起伏的山间伸延到低矮阴暗地区，最终汇合形成蜿蜒曲折的江河体系，一直伸延到某些干涸的大湖，在湖中还有类似岛屿的痕迹。这些与地球惊人相似的地貌，说明导致土卫六地貌形成的地质和气候活动与地球十分相似，甲烷在这个星球上的角色犹如地球上的水。据推测，早期地球上也存在大量类似甲烷的碳氢化合物，最初的地球生命就是在类似的环境中诞生的。

"惠更斯号"探测器在土卫六表面着陆示意图

"嫦娥 1 号"卫星绕月周期

数千年前，中华民族就流传有"嫦娥奔月"的美丽神话，寄托着人们的美好向往。

2007 年 11 月 7 日，完全由中国人独立研制和发射的"嫦娥 1 号"月球观测卫星经过 326 小时的飞行和 380 万 km 的跋涉，顺利进入距月面 200 km 的环月圆轨道。中华民族世代不忘的奔月梦想终于成为现实。

自从 20 世纪 50 年代末以来，人类已经发射了数十艘探月飞船与卫星，美国航天员曾数次登上月球，带回岩石和土壤标本，但世界各国科学家对探测月球仍热情不减。这首先是因为月球在科学上仍有许多不解之谜，探索月球可以更加丰富人们对于天文和宇宙的了解，促进空间科学、生命科学、宇航技术、遥感技术等发展；同时月球还是一个非常理想的微重力和无磁场的真空环境，适宜开展各种新型材料或生物药品的实验和生产。月球上存在 100 多种矿物资源，其中很多是地球稀有矿物。此外，月球还可作为人类进一步探测其他行星的理想基地和"跳板"。

正由于此，中国科学家在 1994 年首次提出探月构想。2000 年 11 月，中国政府在首次公布的航天白皮书《中国的航天》中明确了近期发展目标中包括开展以月球探测为主的深空探测研究。国家航天局制定了探月 20 年规划，包括"绕、落、回"三个阶段，第一阶段从 2004 年 1 月正式开始。

2007 年 10 月 24 日，"嫦娥 1 号"搭乘"长征 3 号"甲火箭在巨大轰鸣中顺利发射升空，首先进入运行周期约为 16 小时的地球同步转移轨道，星箭分离后进行了 3 次加速，将飞行速度提高到接近第二宇宙速度的 10.58 km/s，按预定的时间和位置成功进入地月转移轨道，开始向着月球飞去。

由于控制精准，在奔向月球的飞行过程中，科学家取消了两次中途轨道修正。11 月 5 日，卫星接近月球，进入月球捕获轨道，先后进行了 3 次近月制动，降低飞行速度，将轨道调整为周期 127 分钟，高度为 200 km 的绕月轨道，经过一段时间的在轨测试，卫星上的遥感仪器相继打开。"嫦娥 1 号"伴随着北宋词人苏轼名篇"但愿人长久，千里共婵娟"等咏唱，正式进入科学探测的工作状态。

"嫦娥 1 号"的设计工作时间为 1 年，期间将在世界上首次用立体相机获取覆盖月球全球的三维地形地貌照片，首次对月球表面 14 种有开发利用和研究价值的元素含量与分布进行探测，首次利用微波辐射计探测月壤厚度及其分布。很快，中国科学家还将实施"嫦娥"二期工程，发射机器人到月球表面实地探测。今后，中国人还将派自己的航天员登陆月球，建立自己的空间站和月球基地，以及开展对火星、小行星与彗星的飞船探测研究。

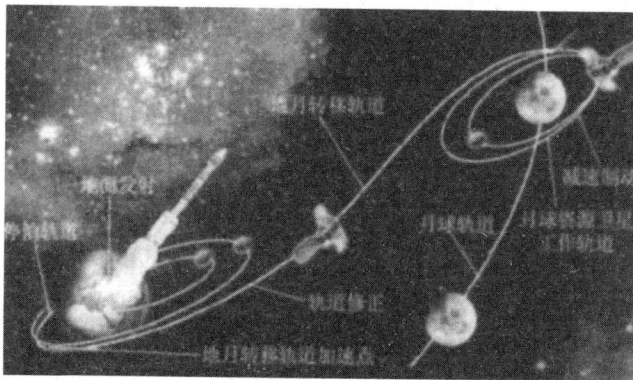

嫦娥奔月过程

世界第一颗人造地球卫星的运行周期

每时每刻，我们的头顶上都有数颗人造地球卫星悄然无声地快速掠过。

人造地球卫星是指能够环绕地球飞行的无人航天器。早在 1945 年，英国人克拉克就曾发表科幻小说，提出人造卫星可以用来作为通信中继站，使无线电信号跨越大陆和海洋，将电视节目转播给全世界的观众。这个在当时看来很荒唐的提议，仅仅十几年就变成了现实。

1957 年 10 月，前苏联把第一颗人造地球卫星送入轨道，在椭圆形轨道上环绕地球飞行，近地点距地面 250 km，远地点 900 km，运行周期 96.2 分钟。这颗卫星呈圆球形，直径为 58 cm，重 83.6 kg，星内装有无线电发射机以及少量测试温度与压力的传感器、磁强计和辐射计数器等，功能非常有限。但它的升空标志着航天时代的开始，人类的探测疆域已经从陆地、海洋、大气层扩大到了宇宙空间。

不到 4 个月，美国也发射了它的第一颗人造卫星，所携带的摄像机使人们有史以来第一次完整地看见自己所居住的星球。不久，美国又发射了第一颗气象观测卫星，在两个月内发送回 2 万幅广袤的地球表面以及云层的照片，气象学家第一次看到了完整的热带气旋形成和正在产生龙卷风的云层，比用常规的方法早两天确定出飓风的位置。此后，人造卫星所发送的数据开始广泛应用于天气预报的日常工作中。

美国在 1962 年 7 月发射了第一颗通讯卫星，能够接收地面发射的无线电波，把信号放大后再转发出去。通过卫星转播，电视节目第一次能够越过大洋。1963 年美国又首次发射了两颗地球静止轨道通讯卫星，它们位于距地球 3.6 万 km 的轨道，运行周期刚好是 24 小时，从地面上看恰似静止在大西洋和印度洋上空，与地球作同步运转。1964 年 10 月，这两颗卫星曾把在日本东京举办的奥运会实况转播到世界各地。1960 年 4 月，美国还发射了第一颗专门用于测定全球地理位置方位的测地卫星。

中国于 1970 年 4 月 24 日成功地发射了第一颗人造卫星 "东方红 1 号"。卫星直径约 1 m，重 173 kg，沿近地点 439 km、远地点 2 384 km 的椭圆轨道绕地球运行。以后陆续研制发射了上百颗各种类型的人造地球卫星。

目前人类已发射了数千颗人造卫星，其中 90% 以上是直接为国民经济和军事服务的卫星，称为应用卫星，包括空间探测卫星、通讯卫星、天文观测卫星、气象观测卫星、地球资源卫星、侦察卫星、导航卫星、测地卫星等。此外，美国等还在秘密研制携带太空武器的技术试验卫星。

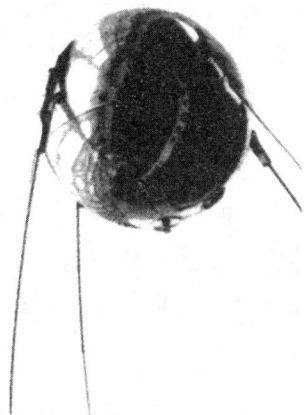

世界第一颗人造地球卫星

"鹦鹉螺号"度假太空舱环绕地球一圈的时间

在载人航天技术发展的早期阶段，只有经过严格选拔和训练的航天员才能进入太空。20世纪80年代，美国一位中学女教师麦卡利夫作为世界上第一名航天飞机普通乘客，准备到太空中向中小学生讲解航天科普知识。不幸的是，她搭乘的"挑战者号"航天飞机起飞仅73 s就发生了爆炸，她和其他航天员一起遇难。

但这并没有阻挡住普通大众进入太空的梦想，迄今已有多人先后搭乘俄罗斯"联盟号"飞船飞上太空，甚至进入国际空间站。当然，这些人的太空行代价不菲，平均每人约花费2 000多万美元，但却由此开创了一个新兴产业——太空旅游。

如今，有心实现太空旅游梦的人越来越多。许多国外私人企业看好这里的商机，纷纷上马打造起各种载人飞船。美国一家名叫XCOR的公司正在研制专为太空旅游开发的可重复使用的"火箭飞机"。另一家名为莫哈韦的公司研制出"太空船1号"小型航天飞机，能够一次将3人送至100 km高的地球轨道。英国维真集团目前正在与该公司合资建造可以将6名乘客送入100 km高的"太空船2号"，在2010年前开辟世界上首条商业太空旅游航线。俄罗斯也在研制名为"曙光号"的新型载人飞船，能够一次将6位游客送往太空。

旅游者到了太空要有歇脚的地方，于是美国、欧洲以及日本的太空商业开发公司又纷纷设想要建造"太空酒店"。在各种各样的计划中，目前只有美国毕基洛航天公司的"鹦鹉螺号"度假太空舱项目最有实现的可能。这个度假太空舱长15 m、直径7.5 m，像个两层楼高的圆桶，由结实的气囊材料组成，内部容积330 m³。舱室分为上下三层，包括起居室、睡房和浴室。太空舱两端各有连接口，一边与载人飞船连接，供旅客进出，另一边连接一个小型火箭推进器，维持太空舱在轨道上正常飞行。太空舱发射时折叠起来，送上 400 km 高的太空轨道后，再以充气的方式膨胀成原来的大小。

　　"鹦鹉螺号"度假太空舱的实验原型"起源"1 号和 2 号已分别于 2006 年 8 月和 2007 年 6 月用俄罗斯火箭送入太空接受测试。真正的"鹦鹉螺号"太空舱可能在 2008 年后发射升空，并在 2010 年前后试营业。最终，由五六个度假太空舱组合而成的"太空酒店"将在 2015 年正式开张。届时游客可以坐在距地面数百千米高的"太空酒店"里，以 3 万 km 的时速，每 90 min 绕地球一圈，凭窗远眺，俯瞰脚下蔚蓝色的地球飘过，观望宇宙深处神秘的星辰，欣赏浪漫的太空美景，甚至身穿太空服走出舱门，体验太空漫步的滋味。

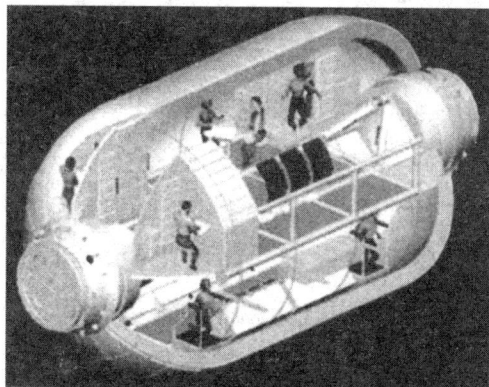

太空舱内部模拟图

秀丽线虫的寿命

72 小时——3 天，是一个人的梦想。美国伟大的盲人妇女海伦·凯勒，渴望拥有 3 天的光明，用来看看她的朋友、回访生活过的环境和寻找新的喜悦。3 天，也是一个人的壮举。美国退休隐居的富翁霍华德·休斯用不服老的精神，在 1938 年用 3 天多的时间乘坐飞机环绕地球一圈。3 天，只不过是人一生的几千分之一，却是一条秀丽线虫服务于科学的一生。

2002 年 10 月 7 日，瑞典卡罗林斯卡医学院把 2002 年诺贝尔生理学或医学奖，授予来自英国的布伦纳和美国的霍维茨和萨尔斯顿，以表彰他们在发现器官发育和细胞死亡过程中基因变化规律的贡献。

他们所研究的对象就是秀丽广杆线虫（Caenorhabditis elegans，简称"秀丽线虫"）。布伦纳首先把秀丽线虫作为一个生物研究材料，发现了秀丽线虫的遗传突变体；萨尔斯顿在此基础发现了线虫细胞的凋亡过程，测定了线虫的细胞谱系；霍维茨则发现秀丽线虫中控制细胞死亡的主要基因，并证实了人体内也存在相应的基因。

科学家借助相对简单的生物也就是模式生物，来研究复杂生物的生长发育规律。模式生物具有的特点是：生理特征明显并能代表生物界的某一大类群；易于饲养、繁殖；易于进行遗传学分析。在秀丽线虫之前，著名的模式生物有酵母、海胆、果蝇等。

现在看来，秀丽线虫成为模式生物有某种必然性。一是因为秀丽线虫长不过 1 mm，在显微镜下通体透明，十分容易观察；二是线虫的细胞较少，能够数得清分得明，它的幼虫含有 556 个体细胞和 2 个原始生殖细胞，常见的雌雄同体成虫成熟后只有 959 个体细胞和 2 000 个生殖细胞；三是线虫的寿命很短且可冷冻储存，从生到死只有 3 天半的时间，其演变过程能够被不间断地跟踪观察。可是，多少年来，生活在土壤中、以细菌为食的秀丽线虫与人类似乎也没有什么牵连，更别说进入到科学家的视野之中了。当1965年布伦纳选择秀丽线虫作为研究对象时，他是冒着巨大的风险的，那时候许多生物学家因为不知道线虫究竟有多大研究价值，甚至嘲笑布伦纳。

通过对秀丽线虫死亡过程的研究，科学家发现了细胞的"程序性死亡"或称"凋亡"机制，即生物体发育成熟后，生物体中老细胞的死亡有如程序控制的自杀行为，死亡细胞被清除后立即产生新的细胞，死亡细胞与新生细胞保持动态平衡。如果老细胞没死，可能会导致细胞过度增长形成病变；如果老细胞过多死亡，可能会破坏生物体的抗病能力。

通过培养条件的改善，秀丽线虫的寿命也可以大大提高，有的甚至可以活上3周。这和人类寿命延长的方式也是相似的。

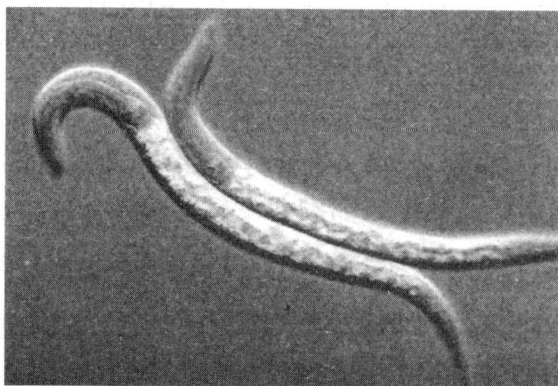

秀丽线虫

第一只碳丝白炽灯寿命

在发明电灯之前，人类靠篝火、火把、蜡烛、油灯或煤气灯来为黑夜照明。

18 世纪末，科学家发明了最早的伏打电池，但产生的电量很小，只能用于实验室中。1845 年，英国物理学家惠斯通发明了采用磁铁的发电机。此后，德国电气工程师西门子等人对此进行了改进，设计制造出依靠蒸汽机或水轮机推动的高效率发电机，能够大量廉价地发电。

早在 19 世纪初，英国化学家戴维就发明了电灯，但点亮的时间很短。在此后近 70 年时间里，发明家试制了无数不同结构和不同灯丝材料的电灯，最终都失败了。直到 1879 年，英国人斯旺和美国人爱迪生历经几百次试验挫折，分别独立发明了能够连续点燃几十小时的真空碳丝白炽灯泡。以后，人们采用耐热金属钨取代碳丝，又在灯泡中充入氮气和氩气，使灯丝寿命大大延长。

随着照明技术的发展，人们逐渐发现白炽灯的发光效率很低，大概为 15% 左右。为提高白炽灯的发光效率，必须提高钨丝的温度，但会造成钨的蒸发，使灯泡玻壳发黑。20 世纪 50 年代，人们开始在灯泡中充入卤族元素或卤化物，利用卤钨循环的原理，可以消除白炽灯的玻壳发黑现象，这就是卤钨灯。

科学家们还发明了其他种类的电灯，例如霓虹灯。它是在长长的玻璃灯管内充入各种惰性气体，然后施加电高压，导致阴极辉光放电而发光。如果灯管中充入氖气，就会发出红色光；充入氩气，就会发出蓝色光，充入汞蒸气，就会发出黄色光……由于色彩鲜艳，常被用作夜晚的户外广告牌。

如今为了节约用电，许多国家已经开始禁止生产白炽灯，要求全面使用节能荧光灯。

　　荧光灯最早是在 1939 年出现的，灯管内壁涂有荧光粉，一般制成长长的管状或环状。有时为缩小体积，灯管曲曲折折盘成好几道弯，目的是尽量增大灯管的内壁面积。通电后灯管中的汞蒸气会产生紫外线，荧光粉吸收紫外线后便发出强烈的荧光。根据荧光粉成分的不同，发出的荧光颜色也不同。荧光灯的发光效率和寿命远比白炽灯高，一支 40 W 的荧光灯管所发的光相当于 150 W 的白炽灯，寿命可以达到 5 000 小时，效率可以达到 80% 以上。

　　现在，一种全新的照明技术——半导体照明灯也开始得到应用。半导体照明灯利用大功率发光二极管作为发光材料，直接将电能转换为光能，光电转换效率接近百分之百。

　　也许再过几年，使用了 100 多年的白炽灯就要结束它的历史使命了。

爱迪生发明的碳丝白炽灯